BLOGGING 2019

Una guía para principiantes

6 pasos para crear tu blog, convertirlo en una máquina de ingresos pasivos, y alcanzar la libertad financiera sin salir de casa

RUSSELL C. JAMES

© Russell C. James 2018.

Todos los derechos reservados.

Publicado en Estados Unidos por Russell C. James.

Primera Edición.

Esta publicación no se puede vender, reproducir o transmitir, bien sea de forma total o parcial, en ningún formato, sin previo consentimiento escrito por parte de su autor. La única excepción es el uso legítimo de la obra, generalmente la correcta citación de un pequeño fragmento del libro con el objetivo de hacer una reseña o crítica sobre este.

El autor no asume responsabilidad alguna por el uso que haga del contenido de este libro. El lector es responsable único de sus actos.

Indice

Un regalo especial 4

Introducción 5

Primer paso: Crea tu blog 9

Segundo paso: Usa el mejor medio para que tus lectores encuentren tu blog 34

Tercer paso: Conviértete en un ninja de una de las redes sociales. 58

Cuarto paso: Crea una lista de correo, ¡y hazlo cuanto antes! 74

Quinto paso: Usar productos afiliados 90

Conclusión 119

Un regalo especial

¡Gracias por comprar este libro!

Espero del fondo de mi corazón que te ayude a convertir tu blog en un negocio rentable y sostenible en el tiempo.

Como una forma de agradecerte, quiero regalarte el libro *7 pasos para ganar tus primeros $1000 con Amazon Kindle*.

En este libro discubrirás…

- **Cómo convertir el contenido de tu blog en un libro** que podras vender en la plataforma de Amazon y generar ingresos extras
- Cómo publicar libros de forma masiva (que no has escrito tú) para **establecerte como autoridad en cualquier nicho**
- Cómo conseguir un **flujo constante de trafico a tu blog** de personas dispuestas a pagar por el contenido que ofreces.

¡Descargalo ya!, y únete a mi lista de correos. Simplemente haz click o visita en el siguiente enlace:

http://bit.ly/PubliqueYHagaseRico

Introducción

Sé que lo has pensado, ¿cierto? Sí, lo sé. Has querido comenzar un blog, o si lo tienes deseas conocer cómo es que otros son tan exitosos con sus blogs, viven de solo publicar contenido, disfrutan, viajan, no tienen límites y todo gracias a un blog.

¿Te gustaría llegar a ese nivel?

Déjame decirte que puedes hacerlo, no es una tarea imposible, si ya mucho lo hemos logrado, ¡entonces tú también puedes!

Entonces, ¿cómo es que no estás monetizando con tu blog?

¿Cómo es que comienzas con un blog, lo abandonas, comienzas otro y lo abandonas también?

¡Te estás perdiendo la mejor forma de monetizar! No puedo decirte que es extremadamente fácil, pero lo que sí te voy a asegurar y es mi promesa con este eBook es que puedes lograrlo, y si conoces los pasos específicos entonces lo lograrás mucho más rápido y con mayor efectividad. Todo en la vida es compromiso, constancia y responsabilidad.

Esas son las tres palabras que te llevan al éxito en todo lo que emprendas. En el emprendimiento digital no es diferente. Monetizar con herramientas digitales, como un blog, dependerá de tu compromiso.

¿Compromiso con quién?

¿Con la plataforma de tu blog?

¿Con un jefe que te esté supervisando el desempeño en tu blog?

No, no y no. Compromiso contigo mismo. Con tu deseo de generar ingresos residuales, ¡buenos ingresos!

Así que antes de avanzar hacia los 7 pasos que te voy a describir en este eBook, quiero que asumas un compromiso expreso contigo mismo, que lo asumas, que te lo digas en voz alta a ti, vamos, dilo: *Me comprometo a seguir las estrategias necesarias y dar los pasos que se requieran para lograr una buena monetización a través de mi blog.*

Debes ser constante. Ya deja de abandonar una idea para ir con otra, y otra y otra más. Es el momento de detenerte un momento, pero no para estar pasivo, sino para tomar una decisión consciente.

La decisión será: seré constante en esta meta que me he propuesto y la decisión de compromiso que he tomado.

Sí, vas a enfrentar diversas situaciones en las que pensarás "mejor ya no sigo", pero justo en esos momentos debes silenciar esa voz y decirte a ti mismo: mejor sí sigo.

Piensa siempre en tu objetivo: quieres monetizar, no es que estés en una misión imposible, porque ya otros lo hemos logrado, así que piensa siempre en que es posible alcanzar tu meta, lograr tu objetivo y continúa avanzando, debes dar cada paso sin desmayar.

Ya lo sabes, ten responsabilidad. La responsabilidad es importante porque te mantendrá enfocado, te permitirá continuar siempre. Ser responsable se traducirá en mantener tu compromiso y por lo tanto en ser constante.

Si eres capaz de mantenerte en la dimensión de esas tres palabras (comprmiso, constancia y responsabilidad) serás capaz también de lograr la monetización de tu blog.

Antes de que avancemos al primer capítulo, quiero que entiendas que no voy a darte fórmulas mágicas. Es muy común encontrar en internet diversos anuncios de eBooks, webinars, conferencias, cursos, y otros productos que prometen hacerte monetizar en 3 días, o en horas, o que te venden técnicas infalibles con la promesa de que no necesitarás hacer esfuerzo, ni invertir. Prácticamente te dicen "compra mi producto y ya estarás monetizando".

Yo hablo muy claro en mis libros, y la razón por la que lo hago es porque me baso en la realidad, en lo que me ha funcionado, y no en los anuncios mágicos. Mi intención no es venderte algo mágico, sino ofrecerte pasos que debes ir dando, y por lo tanto requieren de un mínimo esfuerzo y una inversión de tiempo. Y no le temas a la palabra inversión. Invertir es necesario, creer que puedes levantar un negocio sin hacer nada, sin invertir tiempo, energía y dinero es algo ingenuo.

Yo he podido hacer crecer mi negocio de publicación de libros, pero no voy a decirte que ha sido gratuito. Sí, el emprendimiento en línea te permite reducir los costos de inversión, te permite acceder a más herramienta y llegar a más clientes potenciales o lectores potenciales, pero para tener éxito en todo negocio, absolutamente en todo negocio, necesitarás entender la importancia de la inversión.

Así que invierte tiempo en la lectura de este eBook, invierte tiempo en dedicarte a dar cada paso, invierte energía en implementar cada estrategia e invierte dinero en herramientas, en conocimiento, en tu capacitación.

Esta ha sido una introducción un tanto larga, ¿cierto? Pero es que quiero que comencemos con buen pie, que tengas claridad sobre la actitud que necesitas forjar para lograr la meta máxima, lo que todos buscan y pocos consiguen: monetizar con tu blog. ¿Estás listo? ¡Avancemos!

Primer paso:
Crea tu blog

Pensarás: "espera, Gerald, no me estás diciendo nada nuevo".

Por supuesto, para monetizar con tu blog, necesitas tener uno. Es algo muy obvio, ¿cierto?

Pero no pases la página tan rápido, porque este capítulo es realmente importante y te vas a dar cuenta de que el primer paso no es tan obvio como piensas.

Así que abre tu mente, y prepárate para conocer los pasos que no has considerado dar cuando abres tu blog.

¿Estás listo?
¡Avancemos!

¿Segmentar o no segmentar?, he allí el dilema

¿Te lo esperabas?

Para abrir un blog necesitas conocer cuál es tu público objetivo, o tus lectores ideales. Ya que no conocerlo te llevará a abrir un blog que no apuntará a ningún lugar y a todos a la vez.

Y déjame decirte que en el caso del emprendimiento online no se trata de que más es mejor, debes ser específico, muy específico, si quieres obtener mejores resultados.

Sí, en internet tienes el mundo entero a tus pies, tienes un público inmenso al cual dirigirte, pero no todos te están buscando a ti, no todos están interesados en lo que tienes para decir o para ofrecer.

Es por eso que se necesita ser específicos.

De manera que internet es un mercado amplio, pero existen nichos de mercados que son más específicos. Son grupos de personas con intereses en común, con problemas similares, con deseos parecidos, con ganas de encontrar una solución específica.

Tu deber es encontrar tu nicho de mercado, encontrar ese grupo de personas que esperan por ti, por tu blog, por lo que tienes para comunicarles y que, indudablemente, te comprarán todo lo que tengas para ofrecerles.

A la acción de escoger el nicho de mercado al cual te dirigirás se le llama segmentación.

Así que el dilema es respondido: sí, debes segmentar, necesitas hacerlo. Segmentar te garantizará más lectores, más ventas, y eso es lo que quieres, ¿cierto?

Beneficios de la segmentación

Si todavía te preguntas por qué debes segmentar antes de comenzar tu blog, acá te daré una lista de 6 razones principales:

- La segmentación te ayudará a generar contenido de valor, porque te enfocarás en lo que tu público objetivo quiere y necesita leer, saber, tener.
- La segmentación te ayudará a crear estrategias efectivas porque estarán dirigidas al público correcto y por lo tanto darán resultados.
- La segmentación te ayudará a mantenerte enfocado, porque no tocarás temas que no son de interés para tu público, y esto te hará más proactivo.
- La segmentación te ayudará a crear un blog cuyos elementos despierten interés y atraigan.
- La segmentación te ayudará a conectarte con tu público objetivo.
- La segmentación te ayudará a fidelizar mayor cantidad de lectores.

Como te he dicho, estas son las principales razones por las que tienes que segmentar.

La segmentación es la piedra angular, la base para la construcción de un blog efectivo.

Por blog efectivo hago referencia a uno que recibe tráfico constante y en ascenso, aunque esto también **va a depender de las estrategias que implementes, pero de eso te hablaré más adelante.**

Sin embargo, mientras más efectivo sea el diseño y contenido de tu blog, más probabilidades de tráfico constante tendrás, ¿por qué? Porque conectarás con lectores potenciales que están en la búsqueda de blogs específicos que les brinde la información que necesitan conocer.

Además, un blog efectivo es aquel que conecta con los lectores.

Existen blogs a los que yo no volvería dos veces, de hecho, abandono muchos blogs de inmediato al llegar a ellos. Y no se trata de que soy exigente, sino que mis características personales, mis intereses, y otros aspectos de mi personalidad, me hacen conectarme con blogs específicos, que tratan temas que van con mi negocio, con mis necesidades.

Lo mismo ocurre contigo. Por ejemplo, si no tuvieras interés en monetizar con tu blog, no estarías leyendo este eBook, ¿cierto?

Me dirás, "pero Gerald, ¿a quién no le gusta monetizar con su blog?"

Pues déjame decirte que no todo el mundo está interesado en hacerlo. Hay quienes abren un blog para tan solo expresarse, pero no lo ven como una posible plataforma para monetizar. Y eso se respeta, porque el mundo es diverso. Incluso, hay muchas personas que no tienen el más mínimo interés de abrir un blog. A ellos puedes hablarles de los beneficios, mostrarles cómo has tenido éxito, pero créeme, ellos tienen un interés completamente opuesto.

Por eso no se puede apuntar a todo el mundo, sino que necesitas segmentar, crear un blog teniendo pautas específicas, sabiendo a quién te vas a dirigir, por qué lo harás, qué garantiza que ese nicho de mercado prestará atención a tu blog y lo que tienes para ofrecer.

¿Ahora sí puedes ir notando la importancia de este paso?

La segmentación es absolutamente importante para crear un blog. Es más, la segmentación es la base para todo tipo de negocio en línea.

Supongamos que ya creas el blog, y que ahora quieres monetizar, y para hacerlo vas a ofrecer un servicio… ¡Vas a necesitar tener segmentado tu nicho de mercado!

¿Lo ves?

Es un paso fundamental. Sobre qué puedes crear para monetizar, te hablaré más adelante. Recuerda que vamos paso por paso. No te saltes ninguno, porque esto es progresivo, a medida que vayas descubriendo los pasos y los vayas dando en orden, lograrás avanzar hasta que comiences a generar dinero, porque amigo mío, amiga mía, ganar dinero, y buen dinero, a través de tu blog es posible.

Pero, ya tengo un blog, y no segmenté... ¿qué debo hacer?

No te preocupes, no es el fin del mundo. Afortunadamente he escrito este eBook para ti.

Porque este eBook no es solo para quien va a comenzar desde cero, sino también para quienes ya tienen un blog y no han logrado la monetización.

Así que si este es tu caso, es sencillo: Debes hacer un *stop*.

La acción es muy importante en este tipo de negocios, es decir, quedarte pensando y pensando sin hacer nada solo te hará perder el tiempo y oportunidades para monetizar.

Pero de igual forma es importante hacer las cosas de forma correcta. Si lees en un libro que no hay "forma incorrecta de hacer las cosas", ciérralo o envíalo a la papelera de reciclaje de inmediato, porque sí existen formas incorrectas y tienes que evitarlas porque de lo contrario perderás tiempo, energía y dinero.

Una de esas cosas incorrectas es abrir un blog sin segmentación y sin objetivos. Los grandes negocios que hoy en día existen no surgen de un "tengo ganas de hacer esto, no sé para qué, pero vamos a ver qué sale de esto". ¡No!
Los más grandes negocios que existen en la actualidad, y los más exitosos emprendedores, existen porque han tomado acción con un objetivo en mente y porque no se han detenido en ese que llaman parálisis por análisis.

¿Por qué te cuento todo esto?

Sencillamente porque necesito que conozcas la diferencia entre hacer un *stop* para reconsiderar, evaluar y actuar y sencillamente paralizarte sin hacer nada.

Ya tienes tu blog, y te felicito porque has dado ese paso. Pero si no has segmentado detente y comienza a dar los pasos que te estoy describiendo en este eBook.

Hasta el momento has hecho contenido sin pensar en nadie, tan solo movido por "la corazonada" de los temas que te parecen atractivos, pero de nuevo: haz un *stop*, ¡y vamos a segmentar!

Así que no es el fin del mundo para ti, es el comienzo de uno nuevo: un mundo de oportunidades, un mundo en el que conseguirás clientes potenciales para generar dinero a través de tu blog. ¿Te gustaría habitar ese mundo?

Estoy seguro de que tu respuesta es "sí, Gerald, quiero estar en ese mundo de oportunidades para ganar dinero con mi blog". Así que vamos a la segmentación, pero antes…

Primero lo primero... ¡Define claramente tu objetivo!

Como te he dicho, vamos paso a paso. Primero aprendes a caminar y luego a correr. En este capítulo vas a aprender a segmentar a nivel experto, te voy a dar una guía de cómo hacerlo, pero primero lo primero, y eso es definir tu objetivo.

Todo, absolutamente todo lo que quieras hacer en tu vida, debe tener un objetivo y este debe ser definido clara y específicamente.

Así que pregúntate: para qué quieres tener un blog. Y en el caso de ya tener uno: qué objetivo quieres lograr con tu blog.

Te voy a ayudar a plantearte un objetivo, ya que es el objetivo que alcanzarás con los pasos de este eBook: monetizar.

Tu respuesta ante el por qué tienes o quieres un blog no debe ser: "ah, eh, este... no sé, porque me parece entretenido", tampoco: "quiero o tengo un blog porque así puedo escribir cualquier cosa", o: "es que mis amigos tienen blogs y pues yo quiero estar a la moda". ¡Nada de eso!

Debes fijarte tu objetivo en tu mente, tenerlo bien claro, tener convicción en tu objetivo. Si me preguntas por qué tengo un blog, mi respuesta inmediata sería: porque es un medio efectivo para monetizar y a eso apunto. Así, sin dudas, sin vacilar. Fuerte, claro y directo.

¿Ahora sí puedes formular tu objetivo?

Vamos, inténtalo ahora mismo. Dilo fuerte, claro y directo. Escucha tu voz definiendo tu objetivo, quieres un blog para monetizar, saber que puedes hacerlo, otros lo han logrado y tú también lo lograrás. No vaciles, no dudes: ¡Quieres un blog para monetizar!

La monetización es tu objetivo.

Un objetivo hará qué:
- Tus acciones se enfoquen en resultados
- Tu contenido tenga un razón de ser
- Tu foco sea fuerte
- Tu claridad no se disipe
- Tus estrategias tengan un fin
- Tu tiempo sea empleado de forma correcta
- Tu inversión tenga sentido

Así que trázate tu objetivo, memorízalo, no lo pierdas de vista. Con tu objetivo en mente, comencemos la segmentación.

Segmentación: la información que necesitas

Bien, llegamos a la parte crucial del primer capítulo, la que da respuesta a la pregunta que ya te estás haciendo: ¿cómo puedo segmentar?

Ya sabemos que la segmentación es la definición del nicho de mercado al que vas a apuntar con tu blog.

El resultado final de la segmentación será tu lector ideal, que en términos de marketing digital también se conoce como Buyer Personal.

¿Y qué es el lector ideal o buyer persona?

El Buyer Persona es una representación semi-ficticia del lector que quieres atraer a tu blog. Es decir, es el lector ideal, el que deseas que te lea porque también estará dispuesto a pagar por los servicios y/o productos que vas a ofrecer en tu blog.

Es "semi-ficticia" esta representación porque está basada completamente en datos reales, pero construirás una especie de avatar basado en tales datos.

En este sentido, es importante que los pasos que voy a darte a continuación te lleven a crear un esquema específico de las características de tu lector ideal, que te permitan construir un avatar, un dibujo, una ficha, que siempre tengas en mente o frente a ti cada vez que vayas a realizar alguna publicación.

La información que necesitarás para segmentar se divide en 6 grupos, estos son:
- Información demográfica
- Información personal
- Información laboral

- Información sobre objetivos y metas
- Información sobre retos/problemas
- Información sobre comportamiento

Cada una de esta información es necesaria para una correcta información.

A continuación, te voy a dar algunas preguntas que te ayudarán a recolectar la información.

- **Información demográfica**

La información demográfica te permitirá tener una idea sobre datos estadísticos, para recolectarla deberás responder las siguientes preguntas:

- Edad de tu cliente ideal
- Sexo
- Localización.
- Clase social.
- Ingresos mensuales.

¿Por qué son importantes estos datos?

En primer lugar, la edad te permitirá saber qué lenguaje hablar, qué palabras utilizar. Con la edad no tienes que ser rígido en cuanto a una edad específica, sino que también puedes segmentarla en un margen, como por ejemplo entre 18 y 30 años.

El sexo también es importante. Por ejemplo, en el caso de la narrativa cuando se escriben ciertos géneros hay un segmento que prefiere algunos géneros más que otros. Las mujeres se inclinan, mayormente, a géneros y subgéneros como romance paranormal, mientras los hombres se inclinan más hacia otros cómo el género negro.

Aunque sí hay hombres que leen el género de romance paranormal y mujeres que leen el género negro en narrativa, si segmentas teniendo en mente el sexo de tu lector ideal tendrás más probabilidades de conectar con tus lectores.

También puedes optar por ambos sexos.
La localización es una información importante. Me dirás: "Gerald, pero quiero aprovechar al máximo internet, así que por qué apuntar a una sola localización". Permíteme explicarte.

Con la localización puedes escoger una zona geográfica específica, como un país, una región, estado, departamento. O puedes hacerlo más amplio, como por ejemplo: Mis clientes ideales habitan las ciudades principales de sus países, viven en zonas de clase alta o estratos altos. Como también puedes decir: Mis clientes ideales viven en zonas rurales, tienen un buen poder adquisitivo. Lo importante es que delimites muy bien las características del espacio físico en el cual viven.

La clase social también es importante. Tal vez pensarás que me salgo del tema, pero quiero ejemplificarlo con la música.
Inicialmente la música como el reguetón en Latinoamérica iba a segmentos de clase media y baja. ¿Fracasó por esto? ¡No! Nos guste o no, el reguetón casi ha conquistado Latinoamérica, ahora en todas las clases tiene consumidores.

Lo mismo ocurre con el negocio de monetizar con blog. No necesariamente tienes que apuntar a clases altas pensando que así lograrás atraer lectores que compren lo que ofreces. Si apuntas a la clase social correcta, lograrás ventas por montón.

Ahora, en cuanto a los ingresos mensuales también debes ser específico, lo que no quiere decir que debas colocar un monto exacto, pero sí un rango en el cual varíe el nivel de ingreso de tu lector ideal.

- **Información personal:**

Con la información personal podrás enfocarte mejor, ya que, por ejemplo, el nivel de ingreso podrá afectarle en los precios de productos y servicios si tiene hijos, entre otras variables. Por eso tendrás que plantearte al menos las siguientes 3 preguntas:
- ¿Está casado/a, separado/a, soltero/a, viudo/a?
- ¿Tiene hijos? ¿Cuántos y de qué edades?
- ¿Vive solo?

El estado civil influye en la decisión de compra, por eso es importante que lo tengas definido.

En cuanto a los hijos, si los tiene o no, también es necesario conocerlo, ya que las prioridades de tu lector ideal son influidas por este tipo de datos.

Si vive solo, es probable que muestre comportamientos específicos, que tenga hábitos distintos a una persona que no vive sola. Por esto necesitas definir este tipo de dato también.

- **Información laboral:**

Con la información laboral vamos a un nivel más específico sobre tu cliente ideal o lector ideal. Como puedes ver, poco a poco vas construyendo un perfil cada vez más preciso sobre tu lector ideal.

Es así como tu blog podrá cumplir con tu objetivo, así que acá te presento las preguntas que te permitirán obtener datos laborales sobre la clase de lector que necesitas atraer a tu blog:

- ¿Es un usuario activo, desempleado o sigue estudiando?
- ¿En qué industria trabaja?
- ¿Qué rol desempeña en la empresa?
- ¿Qué habilidades, conocimientos y/o herramientas requiere para ese rol?
- ¿Cómo sería un día típico en su vida?
- ¿Cuál ha sido su trayectoria laboral?

Necesitas saber si la clase de lector que quieres atraer debe ser un trabajador activo,
un emprendedor, un desempleado o si está estudiando, o si es un profesional que continúa capacitándose.

Con estos datos vas a lograr producir contenido que sea más específico para sus necesidades, e incluso controlar variables como rango de costos de productos y/o servicios para monetizar a través de tu blog.

Si tu cliente ideal trabaja, necesitas saber en qué industria. Porque por ejemplo, si quieres atraer lectores con inclinación hacia textos de mecánica, es probable que no debas publicar sobre contabilidad, ¿cierto? Por supuesto que habrá algún mecánico al que le atraigan los temas contables, pero ¿qué tan amplias son las probabilidades?

Luego de determinar la industria en la que trabaja, deberás delimitar el rol que desempeña. Siguiendo con el ejemplo de la mecánica, quizás tu cliente ideal trabaje en el sector mecánico, pero su rol no es la mecánica, sino que administra la empresa. Entonces, lo mejor es que seas específico en cuanto al rol que desempeña en la industria y empresa donde trabaja.

Cuando conoces el rol que desempeña, podrás conocer las herramientas que usa y necesita para desempeñarlo, así como los conocimientos y habilidades que tiene y requiere incrementar o perfeccionar.

De igual forma debes responder cómo sería el día típico de tu lector ideal, cómo es su rutina, qué es lo que hace durante su jornada laboral.
Por último debes ser lo más específico posible en relación a su trayectoria laboral, pues de esa forma también tendrás datos sobre el nivel de conocimiento que tiene y que necesita.

- **Información sobre objetivos/metas:**

Saber los objetivos y metas de tus lectores ideales equivale a saber qué es lo que les motiva, qué es lo que quieren alcanzar.

Es así como puedes producir material que les ayude a lograr tales objetivos y metas.

Para tener esta información debes responder las siguientes preguntas:

- ¿Qué objetivos busca alcanzar?
- ¿Cómo se considera ser exitoso en su puesto?
- ¿Cuáles son sus sueños?
- ¿Cuál es su objetivo principal?
- ¿Cuáles son sus objetivos secundarios?

Sus objetivos son importantes porque generalmente se inclinarán a leer y comprar aquello que les permita alcanzarlos. En su comportamiento como usuario y su decisión de compra influye lo que considera trascendental, así que conoce qué es y podrás atraerlo efectivamente a tu blog.

La forma en la que tu cliente ideal asuma el éxito, la idea que tiene del éxito te ayudará a crear una lista de beneficios para ofrecerle, así que delimita muy bien cómo es el éxito para tu lector ideal.

Los sueños son otros de los factores decisivos. Y no es lo mismo al objetivo, de hecho, muchos lectores pueden tener un sueño, pero no todos tienen sus objetivos alineados al sueño. Por ejemplo, un lector puede trazarse como objetivo lograr un ascenso en la empresa, pero su sueño puede ser tener una casa en la playa.

En cuanto al objetivo principal y los secundarios, tienen que ver con las prioridades que se establece el lector. Tener una idea de ellas te garantizará mejor efectividad en tu desempeño en el blog.

- **Información sobre retos/problemas:**

Este tipo de información te permite conocer las urgencias de tu lector ideal. Si sabes lo que le urges sabrás cómo presentarle la oferta, pero este punto específicamente, **la presentación de la oferta, lo abordaré en otro capítulo**.

A continuación, las preguntas que tienes que responder para determinar cuáles son los retos y problemas de tu lector ideal

- ¿Qué obstáculos encuentra en su vida diaria?
- ¿Qué retos implica su puesto de trabajo?

- ¿Qué le impide cumplir sus objetivos?

Los obstáculos en la vida del lector ideal son los que él necesita vencer para rendir mejor en el desempeño de su rol laboral o emprendimiento, para lograr sus objetivos, sus sueños. Así que si detecta que lo que ofreces le ayudará a vencer tales obstáculos no se resistirá a consumir lo que le presentas en el blog.

Es así como se sentirá atraído, y agradecerá profundamente, por tu contenido si estos le ayudan a sobrepasar los retos de su puesto de trabajo.

De la misma forma, si algo le impide cumplir sus objetivos, y eres capaz de ayudarlo, entonces tendrás a un lector ideal fidelizado o recurrente.

- **Información sobre comportamientos:**

Con la información que hasta el momento habrás obtenido, ya casi tienes el perfil de tu lector ideal, tu Buyer Persona, para que así tu blog pueda ser más efectivo en relación a tu objetivo de monetización.

Ahora necesitas conocer y determinar el comportamiento de tu lector ideal, para ello necesitas dar respuesta a las siguientes preguntas:

- ¿Cómo se comporta en internet?
- ¿En qué formatos prefiere consumir información?
- ¿Qué dispositivos utiliza más?
- ¿De qué manera prefiere que lo contacten? (mails, llamadas, redes sociales, etc.)
- ¿En qué momento consume más contenido?

El comportamiento en internet tiene que ver con el horario en el que se conecta y la frecuencia con la que lo hace. Qué es lo que busca cuando ingresa a internet, si relacionarse con otros o lo usa para satisfacer sus necesidades.

Los formatos en el que consume información tienen que ver con que si le gusta mirar videos, infografías, textos, si prefiere guías, eBooks, checklist, entre otros.

En cuanto a los dispositivos que usa con mayor frecuencia, es importante tener en cuenta si se conecta a internet y lee los blogs a través de su Smartphone, si lo hace desde una Tablet, desde su ordenador en casa o en la oficina.

La forma en la que prefiere tu lector ideal que lo contacte te ayudará a generar las estrategias para el relacionamiento con él/ella.
Finalmente, determinar el momento en el que más consume contenido tu cliente o lector ideal te ayudará a establecer los horarios para conectar con él a través de tus publicaciones.

Como puedes ver, eso de "crear un blog" como primer paso no es tan obvio y tan simple como pensabas, ¿cierto?

He trabajado en la segmentación y tengo mi blog de pago, ¿ahora qué?

Después de obtener las respuestas correspondientes a las preguntas para la segmentación, lo que sigue es ponerle un nombre a tu Buyer Persona, crea una ficha, y tenla presente siempre que vayas a escribir contenido en tu blog.

Al crear tu blog debes hacerlo para ese Buyer Persona, para los lectores que cumplan con esas características, es así como tendrás efectividad.

Pero este es el primer paso, así que todavía falta más.

Crear la segmentación de tu público objetivo no te llevará a ventas inmediatas, recuerda que al principio te aclaré que no soy un mercader de fórmulas mágicas. Quiero que alcances un buen número de ventas, que monetices en grande con tu blog, y para ello debo serte muy claro, así que con toda claridad te digo: este es el primer paso, y debes ser muy cuidadoso al segmentar, constituye el pilar para la monetización.

Puedes tener una idea grandiosa, puedes tener un blog perfectamente diseñado, puedes incluso tener los temas que consideres más interesantes en todo el mundo, pero sin segmentación no tienes nada, y sé que suena un tanto duro, pero es necesario que comprendas la importancia de este primer paso.

Así que segmenta, delimita, define, sé específico. Luego crea tu blog, y si ya lo tienes, inicia un nuevo ciclo basado estrictamente en tu segmentación, y ya estarás listo para el segundo paso.

¿Blog gratis o de pago?

Este es otro de los grandes dilemas al momento de crear un blog. Ya tienes tu segmentación, y puede que ya hayas comenzado un blog antes de conocer este principio, pero es momento de tomar una decisión: ¿crear un blog en plataforma gratuita o de pago? Y, si ya tengo un blog gratis ¿debo continuarlo de esa manera o migrar a una modalidad de pago?

Comencemos por lo básico, quiero que comprendas lo que necesitas considerar al momento de abrir tu blog o continuarlo:

Necesitas un blog tuyo y solo tuyo: Considera que si quieres monetizar con tu blog, este debe ser tuyo. Las plataformas gratuitas te dan la oportunidad de abrir un blog, pero te restringen, ya que a lo que apuntan es a que te des cuenta de que necesitas comprar sus paquetes.

Un blog gratuito es más bien un alojamiento temporal, si la plataforma lo decide puede cerrarlo y probablemente no ocurrirá pero... ¿por qué arriesgarte si estás determinado a monetizar con tu blog?

Ten más seguridad y control con un blog abierto en una plataforma de pago.

Necesitas un blog con herramientas:

Las plataformas gratuitas, como te he dicho anteriormente, son limitadas. Esto significa que no te permiten acceder a herramientas necesarias para poder hacer un mejor trabajo de posicionamiento y atracción de clientes o lectores potenciales.

Si quieres llegar a más lectores potenciales necesitas darle autoridad a tu blog, lograr posicionarte en los primeros lugares de los resultados de búsqueda en google, es decir, obtener visibilidad, crear estrategias para propagar tu blog en los ambientes virtuales y mucho más. Plataformas como WordPress tienen versiones gratuitas para blogs, y opciones de pago. En las gratuitas te ofrecen un paquete básico, en las de pago tienes la posibilidad de incorporar a tu panel de control innumerables herramientas que serán útiles para la monetización.

Estas herramientas le darán un empuje a tu contenido para llegar al lector ideal que has segmentado.

Es cierto que con un blog gratuito puedes usar palabras claves con buena densidad (de lo que te hablaré en el siguiente capítulo), puedes usar títulos ganchos para tu contenido, elementos visuales y multimedia, entre otras cosas, pero si tu blog es gratuito tendrás que esforzarte el doble para lograr tu objetivo.

Con los blogs de pago puedes acceder a plugins de optimización, herramientas SEO, entre cientos y miles de opciones.

Dinero fácil no hay, pero sí condiciones ideales: Como te he dicho al principio, no voy a ser un mercader de fórmulas mágicas y material de consumo rápido equivalente a chatarra. Sí puedes lograr una excelente monetización mensual, es posible llegar a miles de dólares, pero no hay atajos. Y un blog gratuito puede que te sirva para hacer unos dolaritos, es probable que hasta miles, pero te tomará más tiempo, más esfuerzo.

¿Por qué tomar el camino más difícil cuando puedes tomar el camino oficial hacia la monetización?

Por eso insisto en que compres un hosting, un dominio y comiences a crear tu blog. WordPress te ofrece la posibilidad de comprar un dominio y tener acceso a uno de sus 3 paquetes de pago. Y así tendrás las condiciones ideales para monetizar.

Mientras más puedas personalizar, mejor: Cuando defines a tu lector ideal, no solo tu texto debe ir enfocado a él, sino todos los elementos de tu blog, como color, tipografía y todo elemento de diseño. Con un blog gratuito la personalización se limita a las opciones básicas. Pero un blog de pago te da la oportunidad de personalizar sin límites.

Con un blog de pago le darás un toque efectivamente atractivo en el ámbito visual para tu lector potencial. Puedes usar la psicología del color y del diseño para conectar con las emociones de tu audiencia, puedes tener un blog a tu medida y contar con originalidad y exclusividad.

Un dominio exclusivo le da clase a tu blog: El dominio es otra de las razones por las que te recomiendo tener un blog de pago. Si tu blog es gratuito, el nombre tiene una extensión de la plataforma en la que estás alojando el contenido.

Esto le resta seriedad y clase a tu blog, además que el nombre se hace más extenso y difícil de recordar. Puedes crear un nombre estratégico para que sumado a la extensión de la plataforma no resulte tan complicado, pero estarás sacrificando tu marca personal. Además que en otra plataforma puede existir el mismo nombre con otra extensión.
Si compras un dominio tienes la seguridad de que el nombre de tu blog será exclusivamente tuyo, y esto te dará ventajas respecto a la competencia.

Un blog de pago es más veloz: La velocidad con la que carga un blog es fundamental para disminuir la tasa de abandono. Y definitivamente necesitas que los lectores permanezcan en tu blog.

Un blog gratuito está alojado junto a miles y miles de blogs en los mismos servidores, por lo tanto el tiempo de carga no es óptimo.

Con un blog de pago tienes un hosting para tu blog, o compartido con menos cantidad de blog, con la garantía de mejores tiempos de carga y posibilidades de alojamiento de la información.

Más protección, bloguea seguro: Los blogs gratuitos pueden ser infectados con virus con más facilidad. Aunque es cierto que los blogs de pago también tienen un porcentaje de riesgo, este es mucho más reducido.

Con un blog de pago siempre tendrás opciones para el mejoramiento de la seguridad. Y si tienes más protección tu monetización no se verá amenazada.

Cuando tienes un negocio offline, y quieres protegerlo, le pones alarmas, una protección más fuerte de lo normal, cámaras, sistema de monitoreo en tiempo real, entre otras opciones. Esto lo haces porque sabes que tu inversión estará protegida y podrás seguir comercializando sin problemas.

Lo mismo debes pensar cuando se trata de la monetización con tu emprendimiento en línea. Piensa en grande y protege tu inversión de tiempo, energía y dinero. Con un blog de pago puedes monetizar con menos preocupaciones.

Un blog de pago te da acceso a una atención Premium: Tienes tu blog gratuito, comienza tu esfuerzo para monetizar. Segmentas, implementas las estrategias, vas por buen camino. De pronto, sucede un problema con tu blog, o no sabes cómo dar un siguiente paso, por ejemplo, agregar un plugin para optimizar tu contenido y llegar a más lectores potenciales que significará mayor monetización.

Entonces te das cuenta que necesitas hacer unos ajustes, pero no sabes cómo hacerlos en la plataforma de tu blog. Es un blog gratuito, así que no recibirás una línea de atención al cliente, no tendrás una atención Premium.
Pero en el caso de tener un blog de pago, se te facilitará todo. Tendrás una atención VIP, acceso a una atención en línea, asesoría, resolución de problemas.

Esto es una gran ventaja porque te permitirá avanzar con tu blog cada vez a mayores niveles y así incrementar tus posibilidades de monetización.

Así que si quieres monetizar, comprométete con este objetivo y crea tu blog de pago. Puedes acceder a los planes de WordPress que siempre es una excelente opción, ya que te ofrece herramientas para posicionamiento, y herramientas que facilitan la monetización, como plugins para pasarelas de pago, entre otras cosas.

Recuerda que todo negocio próspero comienza con inversión. Un blog de pago no representará inversión de mucho dinero, y las posibilidades que brinda te permitirán recuperar lo invertido y mucho más si continúas dando los pasos que te presento en cada capítulo de este eBook.
Así que segmenta y crea tu blog de pago, es el primer paso para monetizar. Todavía faltan pasos, y los seguiremos dando juntos, porque quiero que puedas tener éxito con tu blog, que dejes de trabajar para terceros o en un empleo que no te gusta.

Créeme, es posible lograr la monetización, como te he advertido: no te saltes los pasos y lograrás tu objetivo. ¿Continuamos?

Nos vemos en el siguiente capítulo.

Segundo paso: Usa el mejor medio para que tus lectores encuentren tu blog

Como has podido ver, me he tomado bastante tiempo, o suficientes páginas, para dejarte bien claro qué hacer en el primer paso.

Es que mi intención es tu bienestar, que puedas aprovechar tu blog para monetizar y que lo hagas en grande.

Ahora que ya tienes tu segmentación lista, puedes comenzar a divulgar, o promocionar tu blog.

Y te preguntarás: Gerald, ¿por qué no hacerlo antes?

Bien, si te preguntas eso, necesitas regresar al capítulo 1. Bromeo, saber a quién te diriges te permitirá llegar a él, así de simple.

En el capítulo anterior te he dicho que no necesitas cantidad sino segmentar, ya después que tienes tu segmentación hecha puedas apuntar a cantidad, dentro de tu nicho de mercado.

¿Qué estás esperando para generar dinero?

Es lo que quieres, ¿cierto?
Entonces, ¿qué estás esperando?
¿Una oportunidad?
¿Un modelo de negocio?
¿Un medio para generar dinero?

Pues tienes todo eso en un solo elemento: en un blog.

El blog es un arma de monetización, y debes hacerte consciente de esta realidad para que puedas aprovecharlo al máximo.

Puedes generar una gran cantidad de dinero mensual a partir de una serie de estrategias que irás descubriendo en cada paso.

Así que necesitas invertir tiempo en generar tráfico a tu blog, pero tráfico calificado, leads de calidad, pues de esa forma podrás incrementar la posibilidad de generar ingresos, de monetizar, a través de las ventas en tu blog.

Y sí, existen diversas formas de monetizar, pero antes de conocer esas formas, tienes que saber primero cómo generar el trágico que necesitas llevar a tu blog.

De hecho, antes de comenzar a ofrecer servicios, productos, infoproductos, o cualquier elemento en tu blog, necesitarás atraer lectores en una gran cantidad, y necesitarás también fidelizarlos, para que vuelvan recurrentemente a tu blog y puedan enterarse de las novedades y de todo lo que le ofrecerás con frecuencia.

Por lo tanto, no solo necesitas generar tráfico, sino también mantenerlo.

Si comienzas una estrategia para generar tráfico sin tener una estrategia planteada para que ese tráfico se conecte con tu blog, entonces habrás perdido el esfuerzo.
De manera que si quieres monetizar a través de tu blog, debes pensar en contenido de calidad.

El contenido de calidad, o de valor, es el que conecta con tu lector ideal. Ya conoces sus necesidades, ya sabes cuáles son sus problemas u obstáculos, cuáles son sus urgencias, comienza a generar contenido que les ayude, de esa forma el tráfico que generes hacia tu blog se quedará contigo porque tienes algo que ellos están buscando.

Esto nos lleva a preguntarnos, ¿qué pasos debo dar para generar contenido de calidad para mis lectores?

A continuación te daré la respuesta.

Guía tu tráfico hacia contenido de valor

En este capítulo quiero ayudarte a entender cómo llevar suficiente tráfico a tu blog, pero si guías tu tráfico hacia un blog con un contenido débil o pobre, habrás perdido el tiempo porque ese tráfico no se quedará.

El problema con guiar tráfico y que no se quede, que no se conecte, está en que te tocará mantener ese nivel de esfuerzo eternamente. Está bien, puede que exagere un poco, pero lo que quiero decir es que tendrás que esforzarte constantemente para generar un tráfico del cual no sacarás provecho.

Y no me malinterpretes, no digo que no debas esforzarte. Pues el esfuerzo trae recompensa, pero lo que sí te digo es que tienes que trabajar para obtener resultados y no para depender del azar.

Entonces, si generas tráfico hacia tu blog y tienes contenido de valor esperando el tráfico, equivale a tener no solo un buen lugar para estacionar los autos que llegan a tu parqueadero, sino a tener un arsenal de atracciones que motive a los conductores a detenerse y parquearse.

El contenido de tu blog equivale a ese arsenal de atracciones si logras hacerlo atractivo para tu tráfico, y recuerda que este tráfico debe estar compuesto mayormente por usuarios con las características de tu lector ideal.

Así que a continuación te voy a presentar las claves para hacer un contenido realmente irresistible para tu lector ideal:

- **Identifica las palabras claves**

Tu lector ideal hace sus búsquedas en Google mediante palabras o frases claves.
Esto se debe a que tiene un lenguaje, una forma de expresarse, y esas palabras son las que usa, porque son las que le permite expresar su necesidad, o de esa manera es que está consciente de ella.

En tal sentido, si quieres que tu lector ideal se conecte con el contenido que has creado o que crearás, tienes que hablar en su lenguaje e incluir las palabras claves, las palabras de sus búsquedas, en tu contenido.

Al leer esas palabras en el contenido que le presentas, de inmediato sentirá una sensación que se traduce en un "esto es lo que necesito saber". Y será esta sensación la que lo motivará a saber más de lo que hay en tu blog.

Las palabras o frases claves equivalen a un gancho, averigua cuáles son con las que se identifica tu lector ideal y lograrás el nivel de conexión que se requiere para la monetización a través de tu blog.

Hazme la pregunta, esa que estás pensando: "Gerald, ¿y cómo puedo determinar esas palabras o frases claves?"

Existen dos formas de hacerlo, una es orgánica y otra a través de herramientas.
La forma orgánica está en irte a Google y colocar en el buscador el tema general que tratas en tu blog, ese que sabes que es de interés para tu público ideal.

Después de colocar el tema en el buscador y hacer la búsqueda encontrarás al final del navegador una serie de frases que equivalen a las búsquedas más populares en relación al tema.

Por ejemplo, supongamos que tienes un blog de recetas para dieta cetogénica. Colocas "Recetas de dieta cetogénica" en el buscador y al final encontrarás esta lista de frases:

- Recetas dieta cetogénica primer tramo
- Dieta cetogénica para imprimir
- Dieta cetogénica menú semanal
- Dieta cetogénica 30 días
- Dieta cetogénica alimentos permitidos
- Dieta cetogénica paso a paso

En esa lista tendrías frases para incluir en tu contenido, y que te serviría como lista de títulos para diversas publicaciones en tu blog. Sin duda los usuarios que lleguen a tu blog, en busca de los alimentos que permite la dieta cetogénica, por ejemplo, y encuentren que tienes contenido en base a esa palabra clave, se quedarán a leer.

Esa es la forma orgánica de hacerlo.

Pero también tienes herramientas que pueden ayudarte de igual forma a determinar las palabras claves que debes incorporar a tu contenido para que sea atractivo para el tráfico que vas a generar:

Herramienta # 1: Google Suggest & autocomplete: Aunque no es una formalmente una herramienta, es una buena forma para determinar las palabras claves adecuadas, solo debes abrir el buscador de Google y escribir cualquier cosa. El buscador sugiere de 3 a 5 términos que son las opciones de búsqueda más relevantes.

Herramienta # 2: Google Suggest: Es una de las herramientas de búsqueda de palabras clave más utilizada. Para acceder debes tener o crearte una cuenta de Google Adwords (es gratis).

Herramienta # 3: Keyword-planner: Tiene una versión gratuita con la que se puede buscar 3 palabras cada 24 horas. Pero también ofrece versiones con diferentes opciones de pago.

Herramienta # 4: KW Finder: Esta herramienta permite filtrar las búsquedas geográficamente según el país o idioma.

Herramienta # 5: Keywordtool.io: Cuenta con una opción gratis y una Pro. Con la opción gratis solo se accede al listado de palabras, lo que es útil cuando buscas palabras clave de cola larga.

Herramienta # 6: Semrush: Es más que una herramienta para analizar palabras clave, es una herramienta SEO todo en uno.

Herramienta # 7: Sistrix: Es otra de las más completas, es de pago y ofrece un período de prueba.

De igual forma hay otras opciones, entre las que vale la pena mencionar:
- RocketSEO
- Wordtracker
- Keyword Suggestion Tool de Small SEO Tools
- Tinysugget
- ÜberSuggest
- Soovle
- Keyword IN
- LSI Graph

Las palabras claves son fundamentales para que tu contenido sea efectivo, también para atraer lectores ideales, y lograr un tráfico orgánico calificado, es decir, que cumpla con las características esenciales para que se conecte con el contenido.

- **Presenta el contenido con una atractiva estructura**

Ya sabes qué es lo que hablarás en tu contenido y qué palabras usarás para atraer y establecer conexión con tu lector ideal, ahora lo que te toca es desarrollar el contenido con una estructura efectiva.

¿Y qué es una estructura efectiva?

Te hablaré en este punto de dos aspectos esenciales de la estructura: Estructura general y estructura específica.

Permíteme decirte que esta clasificación no la encontrarás en otro eBook, al igual que mucha información que te presento en el desarrollo de éste. Me baso en los principios más efectivos en el mercado y también en mi experiencia y descubrimientos, avalados por mis propios resultados.

Sin embargo, por estructura general me refiero al esquema de desarrollo del contenido, y este esquema es:
- Título atractivo
- Párrafo introductorio
- Párrafo idea principal
- Párrafos complementarios
- Cierre o conclusión

Voy a explicarte brevemente cada uno de estos pasos para una estructura general efectiva para el contenido de tu blog.

Título atractivo: El título es el gancho principal, y debe enganchar, obviamente, a tu lector.

Para lograr un título atractivo, tienes que asegurarte de que responda al menos una de las 5W, ¿a qué me refiero? A las preguntas fundamentales que se hace todo lector en relación a un tema: Who. What. When. Where. Why. Esto es: quién, qué, cuándo, dónde y por qué.

En segundo lugar tienes que usar adjetivos y verbos de acción. Si vas a enseñarles a crear un plan para emprender, no puedes titularlo "Creando un plan de emprendimiento", suena muy aburrido, ¿cierto? En cambio, si lo titulas: "CREA un plan EFECTIVO para TRIUNFAR con tu emprendimiento", estarás asegurando un mejor enganche. Por cierto, ignoras las mayúsculas, lo hice de esa forma para que notes los verbos de acción y el adjetivo.

Pero a nuestro título de ejemplo le faltan ciertos elementos, por lo tanto hay que modificarlo. En tercer lugar es importante que consideres dirigirte a tu público en segunda persona, y esto sí está incluido en el título cuando dices "crea" y dices "con tu emprendimiento".

Otro consejo para hacer títulos que enganchen es incluyendo un número, pues a los lectores les gusta las listas. Entonces, podría quedar así: "7 pasos para crear un plan efectivo y triunfar con tu emprendimiento".

Asegúrate siempre de destacar el valor que ofreces, es decir, lo que encontrará tu público objetivo en el artículo, en el caso del título que tenemos de ejemplo tiene bien claro el aporte del valor, pues se entiende claramente que en el contenido encontraremos la forma de hacer un plan efectivo y triunfar.

En resumen, el título debe ser atractivo, descriptivo y debe destacar.

Párrafo introductorio: El párrafo introductorio se puede considerar transicional, ya que nos lleva del título hacia la idea principal.

El párrafo introductorio tiene que mantener la fuerza del título en cuento a expectación. Es decir, el lector escaneará este párrafo y debe encontrar razones para quedarse.

¿Cómo puedes lograr tal efecto?

Necesitarás que tu lector entienda en ese párrafo cuáles son los beneficios que obtendrá al leer todo el contenido.

Así que antes de escribir tu contenido debes tener claro cuál es el aporte que le harás a tu audiencia.
Sí, es cierto que en el título de nuestro ejemplo se establece claramente el aporte, que es: triunfar con el emprendimiento, pero tienes que mostrarle más detalles. Puedes describirles cómo será ese triunfo, dónde estarán, qué alcanzarán, cómo se sentirán.

Siguiendo con el ejemplo puedes decir en tu párrafo inicial: "Son muchos los emprendedores que quieren triunfar, tú eres uno de ellos. En este post voy a ayudarte a triunfar con tu emprendimiento, así podrás tener la vida que has soñado, viajar, alcanzar tu independencia financiera. No te prometo que será instantáneo, pero sé que lo lograrás si das cada uno de los pasos que te presentaré".

Párrafo idea principal: Ya tienes la introducción, ya los has enganchado haciéndoles ver dónde estarán si conocen la información que les darás. Ahora te toca presentarles la idea principal, que es el núcleo del contenido.

¿Cómo harás esto?

Tienes que describir brevemente cuál es la idea central de tu artículo. Basado en el ejemplo que voy desarrollándote, el párrafo de idea principal iría así: "Estos pasos están basado en la experiencia de los emprendedores más exitosos. Solo necesitarás compromiso con tu emprendimiento, debes persistir hasta el final. Cada paso lleva hacia el otro, de manera que no puedes saltarte ninguno…"

Eso sería una idea principal, mantendría al lector paso a paso, así que ya sabe que no debe abandonar el post a mitad ni ir al final directamente, pues todo el contenido tiene una unidad, y en suma cumple con un objetivo.

Párrafos complementarios: Estos párrafos son los que describirán las ideas, en el caso del ejemplo serán los párrafos que describirán los pasos para crear un plan de acción.

Debes mantener el buen ritmo del post, es decir, debes asegurarte de que cada párrafo sea interesante y necesario. Que el lector no abandone la lectura.

Cierre o conclusión: Es el párrafo o los párrafos finales. Debes cerrar con estilo, y en el cierre siempre has de incluir una llamada a la acción.

Presenta al final un servicio, un producto, otro post, pero no dejes que el lector se vaya sin tomar acción, o al menos sin tener la oportunidad para hacerlo.

Ahora, en cuento a la estructura específica para que tu contenido sea atractivo y puedas asegurarte de que el tráfico que generes se quede en tu blog, debes tener en cuenta las siguientes claves:

- No abuses de la extensión: ni muy corta ni muy larga. Según los estudios la actualización de Google Panda prefiere contenidos alrededor de las 800 palabras.
- Párrafos cortos, de esa forma disminuirás la tasa de abandono. Los párrafos cortos en suma crean una estructura fácil de escanear por el ojo humano, y esa facilidad es atractiva.
- Incluye las palabras claves, pero siempre con sentido. La densidad de palabras claves no es más importante que la coherencia.
- Cuida la ortografía, asegúrate de cumplir con el proceso de creación o redacción y edición del texto.
- Usa viñetas, esto hace más "rastreable" el contenido, así que incluye listas en tu contenido.
- Apóyate en recursos multimedia, es decir, incluye imágenes, infografías, videos y/o GIFs, entre otros recursos.

Tomando en cuenta estas claves, la estructura de tu contenido será irresistible para tu lector ideal.

- **Mantén siempre el mensaje centrado**

Para que tu contenido sea de valor, necesitas centrarte siempre, tener un hilo conductor, que tu contenido no se desvíe hacia datos que no son relevantes para tu lector ideal.

Para que tu mensaje siempre se mantenga centrado, y puedas generar diversos contenidos siempre en torno a lo que le interesa a tu lector ideal, te propongo algunas ideas que te permitirán mantener tu mensaje centrado sin tener que recurrir a temas no importantes para tu lector:

- Habla de las últimas novedades del momento relacionadas al tema de valor para tu audiencia.
- Ofrece soluciones a las necesidades de audiencia, para ello haz una lista de sus necesidades y en base a ella crea diversos contenidos.
- Presenta casos de éxito o de estudio.
- Desarrolla entrevistas con personas que representen interés para tu audiencia.
- Realiza infografías y desarróllalas.
- Haz listas de consejos.
- Presenta reseñas de algún servicio o producto de interés para tu audiencia.

- **Define tono y estilo**

El tono y estilo del contenido es muy importante para tu blog. Puedes tener un muy buen título para tus posts, puedes contar con información de valor con estadísticas, casos de éxito, y otros elementos, pero si usas un tono formal y técnico para un nicho de mercado que espera ser tuteado, o que quiere leer un lenguaje más simple entonces estarás condenando tu contenido al fracaso y el tráfico que guíes hacia tu blog no se quedará.

Así que tienes que plantearte cómo vas a contar lo que presentarás en tu blog, cuál será el estilo de escritura.

Puedes escoger entre escribir como profesional, formal, divertido, desenfadado, con un tono técnico, en tono amigable.

La forma en la que expreses las ideas en el contenido será fundamental para lograr conversiones significativas a partir del tráfico que logres llevar a tu blog.

La mejor forma de identificar el tono adecuado está en la segmentación de tu nicho de mercado, en la definición de tu Buyer Persona.

El enorme potencial de tu blog.

Me inspiré en la sección anterior, ¿cierto? Pero lo que sucede es que el contenido es como decir el centro del universo de la monetización a través de tu blog. Por eso es importante que te centres en generar un contenido extraordinario para tu tráfico.

El blog tiene un potencial increíble. Puedes conectar con una gran cantidad de lectores que llegarán a él si implementas las estrategias adecuadas. Por lo tanto, no desaproveches las grandes oportunidades de monetización.

Dedicar tiempo y energía a la redacción del contenido dará su fruto. Lo más recomendable es que cuentes con una extensa parrilla de contenido antes de comenzar con las estrategias para guiar tráfico al blog.

Así que no dudes de generar contenido. Escribe con frecuencia, postea en tu blog, llénalo de contenido de valor. Optimiza el contenido, asegúrate de que cada post contenga un valor extraordinario para tus lectores.

La gratitud de un lector que ha conseguido valor en tu contenido es realmente generosa. Te explico, un lector que ha quedado impresionado con un post, no se irá sin antes dejarte un comentario. En el caso de los lectores más tímidos, probablemente no te comentarán, pero ten por seguro que compartirán tu contenido en sus redes sociales, de hecho hasta el lector que te comenta es probable que comparta tu post.

Además de que un buen contenido generará buena reputación y recomendaciones, también fidelizará a los lectores. De nuevo, un lector agradecido por el contenido que ha encontrado, volverá una y otra vez a tu blog y se suscribirá a tu lista porque no querrá perderse lo que está por venir. Y ahora que digo lista, este es otro **tema que desarrollaré en uno de los capítulos posteriores**.

Imagina que diriges un buen tráfico a tu blog, y has generado una buena cantidad de contenido de valor. Entonces recibes a miles de usuarios que cumplen con las características de tu lector ideal, entre esos usuarios un porcentaje irá de un post a otro, otro porcentaje te dejará comentarios, otro porcentaje compartirá al menos un post en sus redes sociales, otro porcentaje se suscribirá a tu lista, otro porcentaje se mantendrá expectante a tus próximas publicaciones. ¿Qué crees que estará sucediendo?

¡Estarás construyendo una audiencia sólida y fiel a tu blog y tu contenido! Y esto representa una enorme ventaja, porque esa audiencia estará dispuesta a conocer más de lo que tienes para ofrecer, incluso a pagar por tu contenido.

Por lo tanto, tu contenido te acerca a la dulce y añorada monetización.

Hasta el momento todo suena bien, ¿cierto? ¡Pues se pone mejor!

Este es el momento de la gran pregunta, esa que me quieres hacer, ya la intuyo: "Gerald, entonces, ¿cómo hago para generar tráfico después de trabajar en mi contenido?

Eso, mi querido Watson, te lo presento a continuación:

Estrategias para llevar tráfico a tu blog

Ahora voy a presentarte las estrategias más efectivas para llevar tráfico a tu blog, ten en cuenta que para que funcionen las estrategias debes ser constante en la implementación.

Existen muchas técnicas que podrían ayudarte, pero yo he decidido centrarme exclusivamente en 3 de estas técnicas, y a continuación las conocerás:

- **Estrategia de tráfico # 1: La más efectiva de estos tiempos**

Esta es la estrategia que mayor efectividad tiene actualmente, solo necesitas implementarla correctamente.

¿A cuál me refiero?
Me refiero al plan de tráfico de 90 días de Kindle Select.

Ten en cuenta que los libros autopublicados representan en la actualidad el 31% de las ventas de eBooks en Amazon Kindle Store. Este dato es interesante porque muestra cómo ha cambiado la dinámica del mercado editorial.

Anteriormente para que una persona pudiera publicar un libro necesitaba de un contrato con una editorial grande y de miles y miles de dólares. Ahora en menos de una semana puedes convertirte en un autor.

Lo único que necesitas es una gran idea para compartir.

Gracias a Amazon Kindle Store dirigir tráfico a tu eBook tampoco es complicado, es más fácil de lo que imaginas, porque la plataforma lo hace por ti hasta cierto grado, y créeme es mucho lo que puedes lograr si usas Kindle a favor del tráfico hacia tu blog.

Lo que necesitas en primer lugar es un eBook para publicar en Amazon KDP. Créeme, escribir un eBook te dará grandes ventajas, así como oportunidades de monetización.

Con un eBook puedes tener un producto para ofrecer en Amazon KDP que representará una oportunidad inmediata de monetización, y a la vez tendrás un recurso para posicionarte como autoridad a través de tu blog, lo que te permitirá usar tu blog como una plataforma para lograr llegar a más lectores potenciales, que serán tus clientes y ofrecerles una gama más amplia de productos y/o servicios.

En otros libros y en algunos de mis cursos te enseño cómo escribir un eBook completamente efectivo, atractivo y que te ayude a cumplir tus objetivos de ventas.

De momento digamos que escribes el libro, que lo publicas en Amazon KDP de forma gratuita.

Al hacerlo tienes la oportunidad de inscribirlo en KDP Select, lo que significa que tu libro el libro estará disponible en la biblioteca de propietarios de Kindle durante 90 días, y en esos 90 días puedes crear una promoción para que los lectores accedan al libro gratuitamente.

Te preguntarás, ¿y qué gano con que mi libro esté gratuito o que esté inscrito en la biblioteca de propietarios de Kindle?

Esta biblioteca es de préstamos para los propietarios, por lo que miles de lectores podrán tomarlo prestado de forma gratuita, sumado a la promoción de 5 días incrementarás las posibilidades de atraer lectores.

La razón por la que esta es una estrategia efectiva se debe a que podrás promocionar tu blog a través del eBook, y tienes dos formas de hacerlo:
- Enlazando directamente el blog dentro del eBook, para que el lector que lo compre pueda acceder a él.
- Usando las vistas previas para que tengan acceso al blog.

Lo primero es simple, incluyes una llamada a la acción dentro del eBook que llame la atención del lector y lo motiva a hacer clic y conocer tu blog. Esto lo haces durante la maquetación.

Esta estrategia puede lograr que envíes un tráfico mensual a tu blog de entre 300 y 3,700 visitas. Solo necesitas hacer una llamada a la acción que sea efectiva.

Ahora bien, si quieres incrementar la posibilidad de tráfico con esta estrategia, entonces tienes que implementar la segunda forma de hacerlo.
Necesitas usar tu eBook como un gancho hacia tu blog.

¿Cómo puedes hacerlo?

De igual forma incluirás el enlace dentro del eBook, pero dos veces y el enlace será una CTA hacia un obsequio. La idea es que el lector se motive a obtener su obsequio, para ello lo anunciarás con una CTA que diga "Regalo Gratis", y que lleve al lector a obtener el regalo en tu blog.

Puedes ofrecer una checklist, una sesión, una guía, y hasta otro eBook, pero lo descargará desde tu blog, al que llegará gracias al botón de "Regalo Gratis" dentro de tu eBook.

Ahora bien, ten en cuenta que Amazon te da funciones como "Mira adentro" o "Descargue una muestra", estas opciones le permite al lector obtener una mirada a las primeras 4 páginas del eBook. La idea es agregar una llamada a la acción en la cuarta página, que es la última de la vista previa a la que tendrá acceso el lector.

Esa llamada a la acción también puede ser de "Regalo Gratis" y debe enviar a tu blog. Según las estadísticas por cada 30 vistas previas que reciba el eBook tu blog recibirá 10 visitas.
Si tu libro es gratuito entonces en el mes estarás recibiendo alrededor de 6,500 visitantes, ya que al ser gratuito más visitas atraes, más ranking obtiene tu eBook, así que de igual forma se incrementa el número de visitas y por lo tanto más lectores estarán yendo hacia tu blog.

¿Te das cuenta que es una estrategia muy efectiva?

Por supuesto, hay muchos aspectos que tendrás que tomar en cuenta para incrementar todavía más los resultados. Por ejemplo, tienes que publicar tu eBook para tu público objetivo, para el mismo Buyer Persona de tu blog. Por lo tanto, el contenido de tu eBook tendrá que ser coherente al contenido que publicas en tu blog.

También es importante **tomar en cuenta la lista de emails**, de los que te hablaré en otro capítulo, pero para adelantarte una de las estrategias también muy efectiva es invitar a tus lectores de tu eBook en Kindle a suscribirse en tu lista, pues de esa manera tendrás una base de datos para compartir información, anuncios de servicios y/o productos, informar sobre otros eBooks y hasta guiarlos a las publicaciones de tu blog.

Lo sé, lo sé, me he extendido en esta estrategia, pero es, como te he dicho, la más efectiva de todas, la que está dando mayor resultado en estos tiempos.

Todavía hay mucho más por decir sobre esta estrategia, pero ya lo sabes: siempre comparto más información a mis contactos, a los que están en mi lista de emails, y pronto daré a conocer una oportunidad grandiosa que no puedes perderte y en la que podrás descubrir todo, absolutamente todo, lo que tienes que saber sobre esta estrategia.

Así que continuemos con la segunda estrategia que te presentaré:

- **Estrategia de tráfico # 2: Pinterest**

Pinterest es un motor de búsqueda tan efectivo como Google, así que si usas esta red social de forma efectiva podrás generar tráfico constantemente hacia tu blog.

A diferencia de otras redes sociales, un pin tiene una larga duración, lo que quiere decir que tus publicaciones se mantienen activas durante más tiempo, y si es re-pineado con frecuencia será mucho mejor.

Por medio de Pinterest puedes segmentar efectivamente y atraer al público objetivo que necesitas llevar a tu blog, es mejor que hacer guest post o comentar en diferentes blogs. Lo que necesitas es configurar correctamente tu cuenta, por lo que es necesario que tengas tu cuenta de negocio y no personal.

Con Pinterest, cada foto que subes enlaza directamente a tu blog, lo que no puedes hacer en Instagram, además si logras generar contenido para que los usuarios guarden tus pins harán clic al sitio para visitar tu blog de forma automática.

Para que esta estrategia sea efectiva tienes que agregar botón pin it en tu blog y tener imágenes Pinterest Friendly.

Así que la mejor forma de aprovechar Pinterest para generar tráfico a tu blog es:

- Tener una cuenta de negocio, así tendrás analíticas de tu cuenta y sabrás si el contenido que compartes es efectivo.
- Necesitas un perfil que describas quién eres, a quién ayudas y qué haces, también puedes agregar una llamada a la acción hacia tu blog.
- Comparte contenido que sea de interés para tu audiencia, tu tablero no solo debe inspirarte a ti.
- El primer tablero debe ser exclusivo de tu blog, y en ese tablero debes compartir tu contenido, y desde allí hacer re-pin a otros tableros similares
- El contenido que compartes puedes hacerlo con la regla 70/30, que es un 70% de contenido de otras cuentas y un 30% de tu contenido.
- Crea imágenes Pinterest Friendly, es decir, pineables. Para ello, haz imágenes atractivas, puedes hacer gráficos en Canva, usa títulos grandes y colores

brillantes. Las imágenes más pineables son las verticales. Y agrega siempre el botón pin-it a tu blog, para que los usuarios puedan pinear a su tablero.
- Mantén la consistencia de tu marca, usa los colores, tipo de imágenes y tipografías adecuadas.
- Optimiza tu pin para que sea encontrado, para ello ten presente los principios de posicionamiento orgánico, para ello antes de guardar el pin en tu tablero agrega una descripción con palabras claves y no utilices jamás los hashtag (#). Para el SEO también es necesario que antes de subirla te asegures de que el nombre de la imagen contenga la palabra clave.

Así que Pinterest podría ser una buena opción para generar tráfico a tu blog. Exploremos una última estrategia.

- **Estrategia de tráfico # 3: Invita, participa**

Esta es una estrategia muy popular, consiste en invitar a otros autores de blogs a publicar en el tuyo y participar en diversos blogs como autor invitado.

Esta interacción te permite captar otros usuarios y llevarlos a tu blog.

En el caso de los autores invitados, la idea es que informen a su audiencia sobre la publicación que han hecho en tu blog, de esa forma ellos irán a leerlo y si tienes contenido gancho para ellos, se convertirán en tus lectores también.

Por eso es importante que tengas un buen contenido en tu blog, para que todos tus esfuerzos por llevar tráfico puedan dar frutos.

Ahora bien, cuando vayas a implementar esta estrategia de invitar autores a tu blog y de participar en otros blogs, necesitarás tener en cuenta los siguientes tips:

- Asegúrate de invitar un bloguero a escribir en tu blog cuya audiencia tenga las características de tu lector ideal
- Antes de invitarlo revisa la calidad de su contenido.
- Pídele que te envíe el texto con anticipación y haz las ediciones necesarias.
- Deja en claro que la dinámica consiste en que promocione en sus redes y sitios el post que le publicarás.
- En lo posible escoge el tema y título del post y se lo indicas
- Como invitado participa en blog que estén en armonía con tus intereses
- Incluye al final tu ficha de autor con link hacia tu blog
- Haz tu mejor esfuerzo y escribe el mejor artículo que puedas producer

Con esta estrategia podrás llevar un buen número de tráfico a tu blog, es una que se practica mucho entre blogueros. Tiene sus desventajas, como que apuntas a un tráfico más reducido del que puedes atraer con las dos estrategias anteriores.

Con este capítulo has aprendido las claves y estrategias básicas para atraer tráfico a tu blog, que es el segundo paso que debes dar para asegurarte de monetizar con tu blog.

Ya estás más cerca de la monetización, así que sigue avanzando.

Tercer paso: Conviértete en un ninja de una de las redes sociales.

En la actualidad las redes sociales tienen una relevancia indiscutible. Los usuarios navegan a diario a través de ellas, lo hacen para interactuar con otros, para hacer negocios, para comprar servicios o productos. Es por ello que es importante tener presencia en las redes sociales.

En este eBook no podía obviar las redes sociales para la promoción de tu blog, ya que te permitirá lograr un mayor nivel de monetización.

Pero hay un principio que es necesario que memorices: Debes enfocarte en la mejor red social para promocionar tu blog.

En la segmentación del primer paso has determinado cuáles son los canales de comunicación y redes sociales que usa tu lector ideal.

Hay usuarios que navegan exclusivamente por Instagram, hay otros que prefieren Facebook, hay estadísticas que revelan que las mujeres entre 18 y 44 años prefieren Pinterest como red social principal.

Por lo tanto, de acuerdo al comportamiento y características de tu lector ideal encontrarás la red social en la que tendrás que enfocarte para conseguir mejores resultados en la atracción, conversión, cierre y fidelización de tus lectores ideales.

Te explicaré brevemente por qué debes escoger una red social primeramente y hacer todo un ninja en ella. Pero antes, quiero que conozcas por qué sí y solo sí necesitas de las redes sociales para monetizar con tu blog.

Blog + Red social= Monetización

Tal y como te lo he dicho, las redes sociales son fundamentales en la actualidad para posicionar todo tipo de producto o servicio, y para posicionar tu blog con mayor efectividad.

Esto se debe a que las redes sociales facilitan a los usuarios la tarea de compartir el contenido que, dicho sea de paso, no es una tarea cuando el contenido es agradable para ellos. De esa forma se logra mayor tráfico al blog y se posiciona con más efectividad y rapidez.

La razón por la que se posiciona mejor y con más rapidez un blog a través de las redes sociales se debe a que para Google los contenidos de calidad es uno de los criterios más importante para el posicionamiento. Y para que un contenido sea considerado de calidad debe tener buena reputación. La reputación la dan los usuarios con sus likes, comentarios y con la acción de compartir el contenido.

De manera que las redes sociales representan oportunidades para obtener una mejor reputación.

Además, hay otros usos que puedes darles a las redes sociales para tener mayor efectividad con tu blog, a continuación te presento los distintos usos:

Sirven como herramienta para conseguir palabras claves: Las redes sociales generan comentarios sobre tu blog, impresiones y otras acciones que te servirán para saber qué es lo que dicen los usuarios acerca de tu contenido, por lo tanto es un nido extraordinario para entender el lenguaje que usan y las palabras con las que se refieren al contenido, por lo tanto puedes descubrir palabras claves para generar contenido y posicionarlo.

Te ayudan a descubrir las tendencias: Al momento de buscar qué escribir en tu blog, las redes sociales son especiales ya que te es posible saber qué es lo que se preguntan o quieren tus usuarios alrededor de la temática de tu blog. Conocer las tendencias y escribir basado en ellas te da un plus para causar atracción de tráfico a tu blog.

Adaptación a los intereses de los usuarios: Para promocionar mejor tu blog necesitas cada vez ser más específico en los temas que presentas, debes enfocarte cada vez mejor, y esto lo logras conociendo cuáles son los intereses de tus lectores ideales. Cuando te enfocas en una red social y promocionas constantemente tus contenidos, puedes generar interacciones en las que descubres tales intereses.

¿Por qué una red social es mejor que muchas?

No estoy diciendo que debas usar una sola red eternamente, de hecho, puedes tener presencia en todas las redes sociales si lo deseas, pero si quieres mayor posibilidad de monetización con tu blog, tendrás que ir paso a paso.

En este sentido enfocarte primero en una red social, antes de abordar la siguiente, te ayudará a lograr mejores procesos de ventas automatizadas, que es lo que garantizará el ascenso de tus número en la monetización.
Es más fácil enfocar tus recursos y energía en un único canal de redes sociales, por ejemplo es mejor lograr 1.000 suscriptores rápidamente en Twitter que tener 200 seguidores en 5 redes sociales diferentes.

Por otra parte, lograr reunir una audiencia por primera vez en cualquiera de las redes sociales es ya una tarea difícil, imagina intentarlo por primera vez en 5 redes sociales distintas. De esa manera, construir una buena audiencia en una sola red te dará la experiencia para continuar reuniendo público objetivo en las siguientes redes, aunque las estrategias serán diferentes, tendrás el conocimiento básico para lograrlo. Además, algunos de los seguidores de tu primera red social, que tengan cuentas en las siguientes te irán siguiendo paulatinamente.

Lo importante es que te enfoques en primer lugar en la red principal que usa tu lector ideal para cubrir sus necesidades y consumir contenido.

Trabajar en una red social y hacerte experto en ella, te ayuda a desarrollar cualidades necesarias para triunfar posicionando tu blog en cualquier red social.

Otra ventaja de enfocarte en una red social es que te permite brindar una atención más personalizada y especial a tus seguidores, y esto va incrementando tu reputación, hasta que llega el momento en el que puedes automatizar, generando siempre interacción con tus seguidores. Es así como construyes relaciones más fuertes con tus lectores ideales, y puedes hacer crecer tu audiencia.

Adicionalmente, es más fácil lidiar con los cambios del algoritmo de una red sociales que hacerlo con todas a la vez. Por ejemplo, Facebook y Twitter cambian constantemente sus políticas y el algoritmo para el posicionamiento, y estar al tanto de sus actualizaciones te ayuda a mantener tu audiencia y la promoción de tu blog obteniendo buenos resultados.

Ahora que ya sabes la importancia de hacerte experto en una red social para así posicionar tu blog entre tus lectores ideales, e incrementar las posibilidades de monetización, te explicaré cómo puedes saber cuál es la mejor red social parta promocionar tu blog.

Conoce la mejor red social para promocionar el contenido de tu blog

Me gustaría poder decirte, "mira, Facebook es la mejor, invierte tu tiempo en esa red social", y asunto arreglado. Pero debo ser sincero contigo, porque como ya te he expresado lo que quiero es que puedas tener éxito y no que solo me leas. Por esa razón no puedo nombrarte cuál es la red que mejor funciona para tu blog.

Existen casos de éxito de blogueros que han logrado monetizar gracias a la presencia y promoción de sus contenidos en Twitter, por ejemplo, pero otros no han tenido el mismo éxito ni se han acercado usando esa red social.
Lo que quiero decir es que cada blog tiene una red social más conveniente, y esto depende de diversos factores.

Así que lo que necesitas saber es cómo determinar la red social más ideal para promocionar el contenido de tu blog, y eso sí es lo que te voy a enseñar.

Así que a continuación te presentaré cuáles son los pasos para escoger efectivamente la red social donde triunfarás promocionando tu blog e incrementando las posibilidades de monetización para lograr excelentes ingresos mensuales:

- **Primero tienes que entender a tu audiencia**

Tal y como te lo expliqué en el primer capítulo, debes tener bien claro si tu audiencia principalmente está compuesta por hombre o mujeres, cuál es la edad y el rango mayoritario de edad que tiene tu audiencia, y el resto de las características que te he indicado en el primer capítulo.

De esa forma podrás reducir las redes sociales, por ejemplo, el 85% de los usuarios en Pinterest son mujeres. Así que si tu audiencia está compuesta mayormente por mujeres, es allí donde tienes que enfocarte.

- **Filtra las redes sociales a través de tus metas**

Ya que sabes cómo es tu audiencia, y en qué redes sociales predomina ese tipo de audiencia, habrás reducido las opciones. Para continuar descartando considera tus metas en relación a las redes sociales que tienes como opciones.

Existen diversos objetivos a la hora de escoger una red social para promocionar tu blog. El objetivo final es la monetización, pero para lograrlo tendrás que ir dando cada paso que sea necesario e ir cumpliendo otros objetivos.

En este sentido te mostraré algunos de los objetivos que son comunes a la hora de pensar en una red social para tu blog:

- Aumentar la presencia de tu blog
- Generar una personalidad propia para tu blog
- Conectar con tus lectores potenciales a través de información útil o entretenida
- Entregar un servicio al lector ideal
- Acceder a personas influyentes relacionadas con el nicho de mercado de tu blog
- Mostrar tu liderazgo a través de tu blog en tu nicho de mercado
- Aumentar la autoridad entre tu público y en los motores de búsqueda
- Mejorar la reputación online de tu blog
- Construir una comunidad de lectores potenciales
- Aumentar las conversiones

Piensa en cuál de estas metas te enfocarás y de esa manera podrás escoger la red social más adecuada para tu blog.

- **Conoce qué te ofrece cada red social**

Con el paso anterior ya has reducido mucho más las opciones. De entre las que te quedan, ¿qué tan bien las conoces?

Es importante que sepas cuáles son las posibilidades que tienes con cada una. Por eso te presentaré brevemente qué cantidad de usuarios y ventajas te ofrecen las principales redes sociales:

Facebook: Actualmente tiene alrededor de 1,49 millones de usuarios activos cada mes, que pasan conectados a la red un promedio de 20 minutos al día.

Twitter: Tiene un número de usuarios activos de aproximadamente 270 millones. Según las estadísticas más de un tercio de los usuarios en Twitter compra a al menos una de las 5 o más marcas que sigue.

Pinterest: Como ya te he dicho anteriormente, sus usuarios mayormente son mujeres. Si tienes un blog dirigido a mujeres, y tu temática se relaciona con lifestyle
lifestyle, entonces es la plataforma que te conviene.

Instagram: El usuario promedio de Instagram pasa 21 minutos diarios en la aplicación. Es ideal para blog cuyos productos o servicios dependan de imágenes.

Estos datos te dan una idea de lo que necesitas saber de las redes sociales que estás considerando usar para la promoción del contenido.

En un apartado más adelante te hablaré más a detalle de estas y otras redes sociales. De momento, recuerda: ten en cuenta lo que te ofrece cada red social para hacer tu elección.

- **Ten presente a tu competencia**

Ya conoces a tu audiencia, y esto es completamente positivo, pero también debes conocer a tu competencia.

Este es un punto que muchos dejan de lado en su meta de monetizar a través de sus blog, pero si quieres tener éxito entonces debes tenerlo presente.

Lo primero que debes hacer para conocer tu competencia es identificar a tus competidores. Es decir, ¿quiénes son los que ofrecen contenido similares al tuyo?, ¿quiénes de estos están en tu rango de seguidores, lectores, interacciones?, ¿cuáles de estos podrían interponerse entre tu blog y tus lectores?

Después de identificar a los que son tus competidores, identifica la voz que tienen, el tono con el que hablan a la audiencia. También debes saber en qué redes sociales son mayormente activos y cuál es la tasa de compromiso que tienen con los fans, es decir, con qué frecuencia publican, cómo de rápido responden, qué hacen para estar activos y mantener el relacionamiento con los seguidores y cuál es la tasa de crecimiento que tienen.

Estos datos te ayudarán a tener mejor idea de qué están haciendo tus competidores directo y en cuál red social predomina su presencia. Así tendrás una idea de en cuál de las redes sociales es en la que te debes enfocar.

Así que aplica los pasos y escoge la mejor red social para promocionar tu blog, dedícate a esa red durante algún tiempo hasta lograr buenos resultados.

Ahora voy a mostrarte cómo puedes usar las principales redes sociales para cumplir tu objetivo de promoción y monetización de tu blog.

Principios fundamentales para promocionar tu blog en las distintas redes sociales

En este segmento voy a darte una idea general sobre cómo usar cada una de las principales redes sociales.

Con estos principios fundamentales tendrás una ruta para comenzar a promocionar en la red que hayas escogido como esa en la que necesitas hacerte todo un ninja.

- **Principios para usar Facebook para promocionar tu blog**

Facebook es la red social de preferencia para muchos blogueros, si esta es la que resulta para la promoción de tu blog, entonces debes tener presente las siguientes consideraciones:

En primer lugar necesitas tener una página de empresa en Facebook, ya que una página o perfil personal no te servirá al momento de querer invertir en publicidad.

Una de las estrategias consiste en buscar grupos en los que se discutan o comenten las temáticas relacionadas a tu blog. Es así como deberás compartir en esos grupos, tomando en cuenta que tus publicaciones en ellos sean atractivas, dejándote llevar en todo momento por lo que ya sabes de tu audiencia. Es así como ganarás visibilidad y tráfico para tu blog.

Por otra parte, también puedes crear tu propio grupo y administrarlo, escogiendo así la temática que te conviene.

No desestimes la posibilidad de hacer publicidad paga en Facebook Ads para promocionar tu blog, tú puedes escoger el presupuesto más conveniente y ajustado a tu bolsillo, y obtendrás siempre resultados favorables.

Debes tener en cuenta que para mejores resultados en el Facebook tienes que identificar las horas más adecuadas para tus publicaciones. Puedes hacer varias pruebas hasta poder identificar la hora más conveniente.

Publica a las horas más adecuadas. Haz varias pruebas durante un tiempo.

- **Si Twitter es el ideal, toma en cuenta estos principios**

En el caso de Twitter merece un tratamiento distinto al de Facebook, si esta es la red social que has escogido porque es la más conveniente para la promoción de tu blog, entonces ten presente que necesitas un buen período de aprendizaje para poder aprovechar sus beneficios.

Lo primero que te recomiendo en este caso es lograr visibilidad a través de la curación de contenidos. Esto significa tomar contenido de tu blog y curarlo, adaptarlo, hacerlo digerible en la cantidad de caracteres que te permite publicar Twitter, de manera que cada publicación sea atractiva y motive a conocer más sobre lo que comentas yendo al enlace que proporciones, que por supuesto irá hacia tu blog.

Otra recomendación es que no te limites a compartir contenido de tu blog, puedes compartir contenido de terceros que se relacione a tu temática, ya que esto te ayudará a ganar autoridad y mantendrá a tu público objetivo atento de tus publicaciones.

Debes perseguir el incremento de seguidores, para ello debes comenzar a seguir a otros usuarios cuyas temáticas se relacionen a la de tu blog.

Interactúa con las cuentas de otros usuarios, y sé constante en tus publicaciones, una medida diaria que puedo recomendarte es de 15 tweets al día. Entre esos tweets diarios promociona tu blog.

Otro acto habitual que debes aplicar es el de repetir los tuits más interesantes, pues la vida de los tuits es muy corta, si los repites te asegurarás de que llegue a más público objetivo.

Por último, ten presente interactuar con los usuarios que identifiques que tienen más relevancia, presencia y autoridad en tu nicho de mercado.

- **Considera Google Plus**

Google Plus puede llegar a ser una red social con buenos beneficios para el tráfico
hacia tu blog. Así que no podía dejar de mencionarla. Si identificas que definitivamente esta es la red en la que necesitas invertir tiempo, energía y dinero, entonces ten en cuenta mis recomendaciones al respecto.

En primer lugar, con Google Plus hay dos características interesantes que podrían serte de mucha utilidad. Una de ellas es ir haciendo colecciones que otros usuarios puedan seguir y generar así mayor visibilidad para tu blog. O puedes acceder a comunidades que ya han sido creadas y cuya presencia en tales comunidades podría ayudarte a generar un tráfico importante hacia tu blog.

- **Pinterest e Instagram**

Estas dos redes sociales también son significativas. Estúdialas y si resultan las ideales para la promoción de tu blog, entonces en el caso de Pinterest ten en cuenta las recomendaciones que te doy en el capítulo anterior en el segmento de **"Estrategia de tráfico # 2: Pinterest"**.

Instagram, al igual que Pinterest, es una red social muy visual, así que tus estrategias deben apuntar a atraer a tus lectores a través de buenas imágenes, videos, infografías. Apunta la dirección de tu web en el perfil de Instagram y haz que tus publicaciones señalen tal enlace de manera que los usuarios lo busquen en tu perfil y vayan hacia tu blog.

También puedes recurrir a la publicidad paga en Instagram para promocionar tu blog.

- **No te olvides de YouTube**

Esta es otra plataforma en la que puedes promocionar tu blog. Solo debes crear tu comunidad subiendo videos en los que cuentes historias o regales datos que estén relacionados a la necesidad de tu público objetivo. Y en la descripción de cada video puedes informar que la información es ampliada en tus post en el blog.

Es así como YouTube puede ayudarte a ganar más visibilidad, crear una comunidad y dirigir tráfico hacia tu blog.

Existen otras redes sociales que puedes considerar, sin embargo, he querido darte una guía breve sobre las principales.

La idea es que puedas descubrir la red social más adecuada para tu público objetivo, que puedas posicionarte en esa red mediante acciones estratégicas específicas, y de esa forma guiar tráfico desde ella hacia tu blog.

Después que ya seas experto en una red social y estés en capacidad de automatizar tu desempeño en ella, puedes intentar con la siguiente red social relevante para tu público objetivo.

Es así como irás conquistando el mercado y te convertirás en un autor de blog con autoridad en el mercado, con visibilidad en tu nicho, al que tu audiencia recomendará, haciendo crecer así tus seguidores, logrando atraer mayor cantidad de lectores y como resultado tendrás más clientes potenciales para que compren tus productos y/o servicios en tu blog.

Ya te lo he dicho, no es una misión imposible, puedes lograrla, tienes el potencial para hacerlo. Solo necesitabas adquirir el conocimiento necesario y para eso estoy yo, para eso es este eBook.
Ahora que ya hemos terminado el capítulo 3, no te detengas, porque todavía nos faltan 4 capítulos más, que son 4 pasos con los que llegarás a la adorada y tan deseada monetización.

Recuerda: no debes saltarte ningún paso, debes darlos todos, uno a uno, aunque pueda tomarte tiempo darle correctamente, sigue intentando porque el resultado final será satisfactorio.

¡Avancemos!

Cuarto paso: Crea una lista de correo, ¡y hazlo cuanto antes!

La monetización de tu blog requiere de este importante e imprescindible paso. En este punto me gustaría que memorices una de las afirmaciones más relevantes en relación a la monetización, y es: "el dinero está en la lista".

Esa es una frase característica del marketing digital y hace referencia a la importancia que tiene una lista de contactos para hacer email marketing.

Así que necesitas tener una lista de correo si quieres monetizar, y obviamente quieres monetizar pues por eso estás leyendo este eBook.

La estrategia de email marketing te llevará a incrementar tus ingresos, solo tienes que aprender a implementar las estrategias que partirán desde tu blog.

¿Te das cuenta todo el potencial que tiene tu blog?

Y espera a que conozcas más sobre el email marketing. Por eso te quiero presentar una serie de estadísticas que te ayudarán a entender mejor la dimensión de la importancia de la lista y así saber por qué el dinero está en la lista.

Datos estadísticos que definitivamente no debes pasar por alto

Estos datos estadísticos te permitirán conocer la importancia de implementar estrategias de email marketing con tu lista de correo, de manera que comenzarás a captar los datos de tus lectores.

Según los datos del Registro de Direcciones de Internet para América Latina y el Caribe (LACNIC), el 60% de la población latinoamericana tiene acceso a Internet. Y este porcentaje sigue creciendo vertiginosamente gracias al uso de los dispositivos móviles. Este dato es importante porque además revela cuál es el uso que le dan los usuarios al internet, y es el siguiente:

- Un 78% utiliza Internet para buscar información.
- El 85% lo usa para consultar las redes sociales.
- Y esta es la cifra más importante para ti, y es que el 73% de los usuarios, usan el internet para consultar su correo electrónico.

De igual forma se ha determinado que el email marketing presenta un ratio de inversión de 4308%. Esto quiere decir que por cada dólar que se invierte se consigue un retorno de 40 dólares, así lo asegura un informe de la Direct Marketing Association norteamericana.

Esto quiere decir que el email es una herramienta poderosa, muy útil y viable, y que puede usarse para todo tipo de negocio, por lo tanto será tu aliada para la monetización de tu blog.

Según Constant Contact, a raíz de una encuesta hecha a directores de pequeñas empresas más del 86% de las empresas tienen como objetivo incrementar los presupuestos para hacer marketing por email. Esto nos da una señal importante, y es lo que afirma la oración que te comenté hace unos párrafos atrás, y es que definitivamente el dinero está en la lista.

Otras estadísticas relevantes, como la publicada por Adobe recientemente, estable que los usuarios dedican alrededor de 4,1 horas diarias para revisar las bandejas de entrada durante sus horarios laborales. Y un 49% de los millenials lo hacen cuando está en la cama durante la noche o por la mañana. Es decir, que nadie es indiferente antes los emails, bien sea durante sus ocupaciones o cuando ya están libres de responsabilidades siempre abrirán sus correos para revisar la bandeja de entrada.

En los 3 últimos años, la tasa de apertura de email desde los dispositivos móviles ha aumentado en un 180%.

¿Puedes apreciar el potencial que hay en usar tu lista de correo para monetizar tu blog?

Entonces, podemos seguir avanzando, así que ahora te explicaré qué es exactamente la lista.

¿De qué hablamos cuando hablamos de lista?

Este subtítulo suena un tanto poético, pero sí quiero que tengas total claridad sobre qué son las listas en el marketing digital, ya que es el primer paso para aprovechar esta estrategia para monetizar tu blog.

Las listas son grupos de usuarios que dejan su dirección de correo electrónico, manifestando así que aceptan recibir comunicación a través de email.

Tal manifestación la hacen mediante un formulario en el que dejan sus datos. Es lo que hacen cuando los invitas a suscribirse a las entradas de tu blog, por ejemplo, o cuando lanzas una landing para ofrecer un infoproducto como una guía, checklist, entre otros, y a cambio del infoproducto deben dejar sus datos.

Esto quiere decir que puedes solicitarles a tus lectores tantos datos como desees y estén dispuestos a compartir contigo en el formulario.

Es una estrategia simple de implementar, si tu contenido es de calidad, si ofreces información que es de valor para tu lector ideal, entonces gustosamente se suscribirán a tus entradas para recibir notificación de tus actualizaciones, y así mantenerse al día y no perderse tus posts.

De manera que si logras posicionar tu blog efectivamente en tu nicho de mercado, lograrás también atraer suscriptores para tu lista.

Ahora bien, ten en cuenta que necesitas incrementar al máximo las conversiones para ir aumentando tu lista. Con conversiones me refiero a la acción de los lectores de suscribirse, así que mientras más datos solicitas menos probabilidades de conversión tendrás. Por lo tanto evita pedir mucha cantidad de datos a los lectores, podría bastar con nombres, apellidos y correos electrónicos.

Sin embargo, debes saber que no importa la cantidad de personas en tu lista, en realidad lo más importante es que esta lista esté conformada por leads de calidad, es decir, por lectores que presentan la mayor cantidad posible de características de tu lector ideal.

Cada lector que captes y cuente con las características deseadas representará una potencial venta a través del email marketing.

Pero entonces, ¿por qué el dinero está en la lista?

La monetización a través de los medios digitales depende esencialmente de tener audiencia. Puedes tener un blog, puedes tenerlo de pago, puedes tener un contenido extraordinario, puedes llevar tráfico calificado a tu blog, pero si no conviertes ese tráfico en audiencia, habrás perdido el tiempo.

Es por ello que las listas de email marketing son necesarias para la monetización, ya que te permitirá construir una audiencia fiel a tus publicaciones y establecer comunicación.

Las listas de email marketing te permiten establecer un canal ideal para dar a conocer tus novedades, ofertas, oportunidades y así asegurarte de que tu blog genere ingresos a través de servicios y productos que puedas ofrecer en él.

Así que el secreto no es solo atraer lectores para que se suscriban a tu lista, no es solo tener listas de emails marketing, es saber implementarlas, es usarlas, es enviarles mensajes, relacionarte y establecer una conexión. Te tocará invertir para enviarles obsequios, contenido de valor, información relevante, todo lo necesario para que estén activos y atentos a tus emails, de esa forma al momento de presentarles tus ofertas estarán receptivos.

¿Por qué usar la lista si puedes posicionarte y usar las redes sociales?

Puede que te hagas esta pregunta, que pienses "Pero Gerald, eso de usar el email suena anticuado".

Lo primero que te diré es que recuerdes las estadísticas que te presenté al inicio de este capítulo. Los emails no son anticuados, es una forma efectiva de relacionamiento y presentación de ofertas.

Ahora bien, el posicionamiento orgánico es útil, y lo logras a través de las palabras claves en tu contenido, una buena estructura y contenido de valor. Sin embargo, el posicionamiento solo será reputación si no lo aprovechas, ¿para qué trabajar duro en posicionamiento si no vas a aprovecharlo?

Así que sí: posiciona tu blog, trabaja duro para ello, pero sácale provecho al máximo, y hazlo creando una lista de suscriptores para captar los datos del tráfico que logras a través del posicionamiento. Además, recuerda que a través de la estrategia que te presente de Kindle puedes generar tráfico también hacia tu blog y así posicionarlo, esos lectores que irán desde tu eBook en Amazon hacia tu blog tienes que convertirlos a través de un formulario.

Por otra parte, las redes sociales también son una fuente importante de tráfico, puedes compartir tu blog en redes como Facebook, Twitter, entre otras, y llevar tráfico, pero ¿dejarás que el tráfico llega y se vaya sin tener la posibilidad de conectar con ellos a través de un formulario de suscripción que te permita acceder a tus datos, tenerlos en tus listas y relacionarte con ellos para fidelizarlos?

También puedes pensar, "Pero Gerald, puede mantener la comunicación con mis lectores a través de las redes una vez que ya sean lectores frecuentes". También es cierto, puede que tus lectores frecuentes se mantengan atentos a tus publicaciones en las redes sociales, y se enteren a través de ellas de tus ofertas y entonces compren, se inscriban o tomen la acción que les invites a hacer, pero... ¿qué pasará el día en el que por alguna razón pierdas el acceso a las redes sociales o lo pierdan ellos?

Y créeme antes situaciones son probables. Lo mejor es que tengas los datos de tus lectores, pues de esa forma podrás presentarles tus ofertas a través de redes sociales, publicaciones en el blog posicionado orgánicamente y a través de tu email.

Las grandes empresas conocen la importancia del email marketing, por ello trabajan en presentar a sus lectores formularios para captar los datos, las pequeñas empresas, como has podido observar en las estadísticas que te he presentado, también han entendido la importancia del email marketing.

De manera que reconozco que el tráfico a tu blog se puede lograr a través del posicionamiento orgánico, de las redes sociales, de estrategias publicitarias pagas, así como también tales canales podrán servirte para comercializar a través de tu blog, para poner al alcance de los usuarios las ofertas que presentes en tu blog, pero reconozco aún más que el dinero está en la lista, que hay mayor probabilidades de ventas por medio de estrategias de email marketing.

El email marketing te permite una comunicación directa, de tú a tú, con los lectores ideales, a diferencia de las redes sociales en las que publicas para todos, en un tono colectivo, donde todos saben que estás publicando para el que alcance leer.

La posibilidad de personalización en la presentación de ofertas, que te ofrece el email marketing gracias a tu lista, es sin duda alguna uno de los valores fundamentales de la lista y por eso en ella está el dinero.

Aprovecha la oportunidad de construir una lista y tener acceso permanente a tus lectores ideales, que son clientes potenciales.

Pero ten en cuenta, en todo momento, que para que tus suscriptores se mantengan atentos a cada uno de tus emails debes enviarles información de valor. No establezcas comunicación si no tienes nada importante que compartirles.

Vale, lo he entendido, ¿ahora qué hago?

Te he dibujado hasta el momento el panorama de forma amplia, ahora llega el momento de ser específico.

Ya sabes la importancia de la lista, ya tienes pautas generales, ahora te voy a enseñar cómo crear tu lista y cómo aprovecharla.

¿Estás listo?
Aquí vamos:

- **Conoce y adquiere las herramientas**

Es importante que conozcas las herramientas de automatización con las que puedes crear listas de suscriptores. De entrada debo recomendarte las opciones de pago, pero puedes comenzar con las versiones gratuitas de estas herramientas, solo ten en cuenta que estas son limitadas.

Son muchas las herramientas que ofrecen el servicio para la creación de tu lista, así que puedes escoger la que más se adapte a tus necesidades y posibilidades.

Esta herramienta será vital para tu campaña de email marketing, por esta razón necesitas evaluar muy bien la opción con la que te quedarás. Las herramientas de automatización para la campaña marketing te ofrecen la ventaja de acceder a las métricas que te permitirán optimizar tu campaña cada vez más hasta lograr dar con el clavo, es decir, incrementar la tasa de apertura de los emails que envíes.

A continuación te daré una lista de herramientas que puedes investigar para tomar tu decisión:

- Benchmark Email
- Mailchimp
- Mailrelay
- Active Campaign
- AcumbaMail
- Getresponse
- Infusionsoft
- Clickfunnels
- WishPond
- Sendinblue
- Infusionsoft

Luego de dar el primer paso, de escoger tu herramienta para la lista de suscriptores, estás listo para el siguiente.

- **Crea el formulario de suscripción**

Necesitarás el formulario de suscripción para captar los datos de tus lectores ideales. Debes colocar el formulario de registro en una zona visible de tu blog, de manera que así puedas lograr que los lectores se registren.

Existen diversos plugins para WordPress que te ayudarán a crear y personalizar el formulario, y la personalización te dará una ventaja adicional, pues llamará la atención de tu público objetivo y por lo tanto aumentará la tasa de conversión.

Dos plugins que puedes usar para hacer visibles los formularios son:
- Magic Action Box
- Ninja Popup

El primero te servirá para añadir formularios personalizados al final de cada post en tu blog.

El segundo te permitirá configurar un pop-up para que este salte y se presente frente al lector después de que lleve cierto tiempo navegando en el blog. Así tendrá la opción de dejar sus datos en el formulario del popup.

Es muy probable que para esta tarea necesites la ayuda de un profesional con conocimiento, si ese es el caso no dudes en hacerlo, recuerda que si es necesario invertir dinero debes hacerlo pues de esa forma garantizarás un buen trabajo y por lo tanto mayor probabilidad de monetización.

- **Debes implementar una estrategia de captación de datos**

Muy bien. Ya tienes tu herramienta de automatización para el email marketing y tienes tu formulario. Lo que sigue es formular una estrategia para la captación de datos.

Esta estrategia te permitirá hacer crecer tu lista, obteniendo cada vez más datos de tus lectores y así incrementando el número de público objetivo al cual dirigirte a través de tu email marketing.

Para la estrategia necesitarás en primer lugar un recurso gratuito para ofrecerá tu audiencia.

Los datos no te lo dejarán de gratis, es decir, no llegarán y dirán "¡Qué lindo formulario tiene este blog, dejaré mis datos!"

Es probable que muchos estén dispuestos a suscribirse así porque sí, pero incrementarás las probabilidades si ofreces un recurso gratuito a cambio de que dejen sus datos.

Algunas ideas que te propongo para ofrecer a través de tu blog a cambio de los datos, son:

- Ofreciéndoles un contenido exclusivo semanal
- Puedes ofrecerles un mini-curso gratuito. Y puedes entregarlo en PDF o en vídeo
- Puedes ofrecer un eBook con un tema específico de interés para tus lectores ideales
- También funciona una checklist, una infografía o una guía rápida

Lo importante es que el producto gratuito que ofrezcas sea un gancho para ellos, sea un imán, es decir, un producto que realmente despierte el interés, que resuelva un problema de tu público objetivo, que toque su dolor, debe ser un recurso gratuito irresistible, así que debes apoyarte en tu segmentación del lector ideal.

El recurso gratuito también debe guardar relación con lo que ofreces en tu blog, con tu contenido habitual, ya que es el contenido el que te ha permitido mantener a tus lectores atentos a tu blog.

- **Implementa el email marketing**

Bien, tienes ya todo lo que necesitas, y a través de tu recurso gratuito estarás recibiendo datos de tus lectores ideales que son clientes potenciales. Allí no acaba el ciclo, necesitas tener preparada una estrategia de emails automatizados.

Lo primero que necesitarás para tu estrategia es un email de bienvenida. Cuando tu lector se suscriba a tu lista debe ser recibido como se lo merece. En ese email de bienvenida debe recibir el recurso gratuito por el cual se ha suscrito.

En adelante, los emails que envíes, y que deben estar automatizados tienes que darle valor a tus lectores.

Por lo que te recomiendo que prepares una serie de emails en los que le des información de valor para ellos, que les ayude a continuar en la cruzada de resolver sus problemas.

Las secuencias de emails te ayudarán a mostrar la autoridad que tienes en tu nicho de mercado. De esa forma los estarás preparando para pensar "Sí, quiero lo que ofreces porque sé que eres el mejor en ello" cuando finalmente presentes tu oferta.

De nuevo voy a recomendarte que estudies a tu competencia. Te aconsejo que te suscribas en los formularios de tus competidores directos. No te estoy diciendo que los imites, pues debes siempre ser original, pero saber qué les está funcionando te mantendrá atento a las novedades en materia de email marketing.

Toma en cuenta el storytelling al momento de escribir tus emails, ya que los principios agrupados en este método o técnica te ayudarán a lograr una mejor conexión con tus lectores suscritos, y así llegar a tu meta y objetivos.

Para un mejor desempeño a través de tu email marketing te propongo las siguientes claves:

Aporta mucho valor, no seas tacaño: Lo sé, suena un tanto directo eso de "no seas tacaño", pero necesito decírtelo. Los lectores, que son tus clientes potenciales, aprecian el valor que les das. Si les regalas buena información a través de tus emails, estarán siempre dispuestos a abrirlos y saber qué les cuentas.

El valor se recompensa, así que no te midas, entrega valor sin reserva. No te limites a escribir solo cuando tengas una oferta comercial. Sino que nutre a tus clientes potenciales para que estén siempre atentos a tus ofertas y más dispuestos a aceptarlas.

Personaliza tus emails: Es cierto que muchos de tus destinatarios saben que el email que reciben es enviado de forma masiva. Pero aun así tienes que brindar una sensación de personalización, porque así lograrás una mejor conexión.

La forma más básica de transmitir tal sensación es saludando al inicio del email con un "Hola", y acto seguido el nombre del destinatario, esto lo puedes lograr con la herramienta que has escogido para la automatización de tu campaña de emails.

Esfuérzate en usar títulos atractivos: El título es determinante para el ratio de apertura. Tú mismo sabes que para abrir un email enviado por una empresa o por un emprendedor, debes sentir atracción por el título.

Así que necesitas que los títulos de tus emails sean atractivos.

Otras consideraciones que deberás tener en cuenta sobre los emails de tu secuencia son:
- No abuses de los signos de exclamación e interrogación en la redacción de tus emails, tampoco de las mayúsculas.
- Utiliza caracteres especiales.
- Está comprobado que los emojis ayudan.
- Los primeros caracteres debe estar dedicada a la idea principal del mensaje.
- Usa un lenguaje sencillo, recuerda: habla el lenguaje de tu lector.
- Haz preguntas persuasivas.

- Genera curiosidad.
- Haz que se produzca un sentimiento de urgencia.
- Comparte opiniones de tus clientes.
- Incluye en la redacción las palabras claves.

Espero que te haya quedado completamente claro: el dinero está en la lista. Si quieres monetizar con mayor efectividad entonces haz de esta afirmación tu mantra.

Preocúpate por atraer lectores potenciales que se queden con tu blog, que se suscriban a tu lista, y con quienes puedas establecer una efectiva comunicación.

Debes ser constante en cada uno de las claves, principios y pasos que te he descrito en este capítulo. La constancia te premiará. También necesitas ser muy creativo para generar contenido constante para enviar a tus suscriptores a través de tu email marketing.

Recuerda hacer uso de las herramientas necesarias para tener efectividad con este paso.

Con el email marketing te aseguro que lograrás monetizar tu blog con mucha más rapidez y con mayor margen de ingreso, pero ahora te hace falta saber cómo lo harás, es decir, qué vas a ofrecer a tu lista a través de tu email marketing para que puedan encontrar en tu blog.

Necesitas conocer qué ofrecer en tu blog para monetizar, para que tu email marketing tenga un propósito, una oferta.

Entonces, vayamos al siguiente paso. Puedes tomar un receso, pero no te pongas cómodo, todavía nos falta camino por recorrer.

Quinto paso:
Usar productos afiliados

Hemos llegado al quinto paso y cada vez estás más listo para iniciar tu monetización. Sé que ha sido un recorrido largo, pero si te aseguras de dar los pasos uno a uno, entonces lograrás un progreso sólido y a largo plazo.

Muchos blogueros comienzan con sus intentos de monetizar y terminan abandonando, dejando detrás de sí una estela de esfuerzo infructífero.

Por eso quiero que tengas paciencia y constancia.

Crea tu blog basado en una correcta segmentación, céntrate en construir contenido atractivo, crea una estrategia para generar tráfico usando las mejores herramientas, enfócate en dominar una red social a la perfección para compartir tu contenido y así incrementar la autoridad, visibilidad, reputación y tráfico de tu blog, crea una lista de correo con una efectiva estrategia de marketing, teniendo en cuenta también las herramientas necesarias para ello. Y ahora, el paso que sigue es usar los productos afiliados como una opción para monetizar.

En este paso nos encontramos, ya cerca del último paso. Y quiero que puedas comprender este paso a la perfección, porque los productos de afiliación son una excelente oportunidad de monetización, solo debes implementar correctamente las estrategias.

Así que prepárate para conocer cómo usar a tu favor los productos afiliados y el marketing de afiliación.

La relevancia del marketing de afiliación puede expresarse con un dato estadístico muy interesante que establece que durante el 2016 solo el mercado de afiliación de Estados Unidos generó alrededor de los millones de dólares, y para el 2020 se piensa que solo la inversión en marketing de afiliados superará los 6.800 millones de dólares.

Tales datos nos indican el crecimiento de la tendencia del marketing de afiliación, por lo que conviene tomarlo en cuenta para la monetización a través del blog, ofreciendo productos afiliados.

Si no lo has hecho porque no habías escuchado al respecto, o porque piensas que es muy complicado, entonces presta atención porque en las siguientes páginas te mostraré lo fácil que puede ser comenzar a implementar esta estrategia para monetizar con tu blog.

Conoce qué es el Marketing de Afiliación

El marketing de afiliación es una de las formas más efectiva de monetizar cuando no tienes un producto propio o servicio para ofrecer a través de tu eBook. De hecho, también es una forma de hacerlo aun teniendo un producto o servicio, ya que puedes alternar entre ello y los productos afiliados.

Sobre los productos o servicios que puedes usar para monetizar a través de tu blog, te hablaré en el siguiente capítulo.

Usar productos afiliados para vender en tu blog, mediante el marketing de afiliación, no es más que recomendar productos de terceros, hablar de ellos y permitirle a tus lectores obtener tales productos, herramientas o servicios desde el sitio del anunciante.
Si logras que tus lectores compren el producto afiliado que recomiendas, entonces ganarás una comisión por ello.
De manera que, usar productos afiliados no es más que hablar de productos en tu blog y guiar a tus lectores al sitio de la venta para que lo compren.

En este sentido, todos ganan. Gana el anunciante, ganas tu comisión, y gana el usuario porque se queda con un producto que le ayudará a resolver un problema. Ahora bien, el marketing de afiliación comienza porque te permite la utilización de un enlace de afiliado, que es un enlace que le permitirá saber al anunciante que el usuario que ha llegado a su sitio y ha comprado lo ha hecho desde tu blog.

Es importante que conozcas el mecanismo a la perfección, de esa forma podrás usarlo mejor. Así que la efectividad de este mecanismo consiste en que si el lector va hacia el sitio de la venta, pero no hace la compra en ese momento, sino que la hace después, existe la posibilidad de que igualmente obtengas tu comisión. Esto es posible porque cuando tu lector entra en la web desde tu enlace de afiliado se inserta una cookie, que es un código que se instala en el navegador y permite identificar al usuario que ha entrado y deja un rastro sobre desde donde ha llegado.

Es así como si la persona no compra igual se ha insertado una cookie en su navegador que lo identifica en el momento en el que vuelva.

Por lo general la vigencia de la cookie es de 30 días, sin embargo, esto depende también de la configuración que le dé el anunciante.

Así que el marketing de afiliación puede ser una forma efectiva para monetizar a través de tu blog.

Claves para hacer que el Marketing de Afiliación funcione

Usar productos afiliados te dará resultado solo si implementas el marketing de afiliación de forma correcta.

Es por ello que quiero presentarte las claves que tendrás que tomar en cuenta para hacer que te funcione el marketing de afiliación y de esa manera puedas disfrutar los resultados.

- **Necesitas una comunidad fidelizada**

Te lo he dicho a lo largo de este eBook y es necesario repetirlo constantemente, porque en cada paso la audiencia, público objetivo, comunidad, lector ideal es de vital importancia.

En el caso de los productos afiliados te resultará solo si cuentas con una comunidad de lectores fidelizados, ¿por qué? Porque estarás recomendando productos de terceros, por lo tanto deben considerar que tu opinión es importante para ellos.

Así que necesitas hacer que tus lectores ideales confíen en ti, que acepten tu recomendación, tendrás que haberles demostrado que tienes un interés genuino en ayudarles a resolver sus problemas.

Por esto es importante el email marketing, tal como te lo expliqué en el capítulo anterior, para que tu audiencia confíe en ti debes entregarles valor a través de tus emails. ¿Recuerdas que te dije que no puedes ser tacaño?

Tus lectores te agradecerán tu entrega confiando en ti y en tu recomendaciones.

Céntrate en brindarles contenido útil a través de tu blog, ayúdales con sus urgencias, permíteles acceder a contenido de valor para ellos, que puedan beneficiarse. Crea una conexión superior, en la que puedan percibir tu buena voluntad de ayudarles. Y para ello necesitas ser genuino.

Por lo tanto, debes tener un blog en el que desarrolles temas que vayan con tu pasión, porque de esa manera lo harás gustosamente. Debes entender que tu misión es ayudar a través de tu blog, y la monetización será el resultado de cumplir con tu misión.

Tendrás la confianza de tu audiencia solo después de mostrarle suficiente valor, y luego de ganarte su confianza debes continuar haciéndolo.

Comenzar tu blog con intentos de monetización es un grave error. Quien no te conoce no te comprará, no aceptará tus recomendaciones. Puede que logres una venta ocasional, pero créeme vale la pena el esfuerzo de crear una audiencia, ganarte su confianza y solo después ofrecer los productos afiliados, los resultados justificarán toda la ruta que has recorrido hasta llegar a esa momento.

A medida que te vas ganando la confianza de tu audiencia la vas conociendo mejor, vas obteniendo mayor información sobre sus intereses, sus urgencias, sobre su lenguaje, sobre sus búsquedas y mucho más, y toda la información que obtienes, en la misma medida que das información, te servirá para optimizar tus estrategias de ventas.

- **Ofrece solo aquello que tú comprarías o que hayas probado**

Ya tienes tu comunidad, ya confía en ti. Llega el momento de la acción. Para tener resultados a través de la venta de productos afiliados tienes que asegurarte de ofrecer aquello que les dará resultados.

En este punto tu audiencia aceptará tu recomendación, ya que ha comprobado que eres experto en el tema que es de su interés, eres una autoridad. Por eso si recomiendas una herramienta la comprará, porque sabe que si hablas sobre esa herramienta es porque es buena.

Debes respetar la confianza que han depositado en ti. No recomiendes productos en los que no creas, así te hayan ofrecido dinero a través de un post patrocinado. Ya que puede que logres vender tal producto, pero si no es bueno estarás perdiendo lo que te ha costado construir.

La mejor forma de filtrar qué productos afiliados recomendar a tu audiencia y cuáles no, es preguntándote si lo recomendarías si no hubiera una recompensa.

Es así como cuidarás la reputación que has obtenido, y te asegurarás de que tu monetización no sea momentánea sino a largo plazo.

Si el producto que recomiendas realmente es útil para tu audiencia estarás ganando compradores, evangelizadores y compradores fidelizados. Es decir, venderás el producto, lo usarán y les dará resultados así que lo recomendarán y gracias a la experiencia positiva cuando recomiendes otro producto lo comprarán confiados. Por lo tanto, el producto afiliado te dará comisiones y beneficios, gracias que lo estás haciendo de la forma correcta.

Cuando identificas un producto que solo recomendarías por el dinero y no por el valor que tiene y su efectividad para tu audiencia, entonces lo mejor es no caer en la tentación.

Promociona solo lo que tú hayas probado o probarías. Si el producto solo te parece interesante, entonces coméntalo claramente, comparte con tu audiencia que te atrae. Tal vez puedes lograr que algunos lo prueben conscientes de que no lo estás recomendando sino comentándolo, y sean ellos quienes te cuenten la experiencia que han tenido y si efectivamente vale la pena recomendarlo o no.

Si respetas la confianza que tu audiencia ha depositado en ti, la recompensa que obtendrás será grande. Este es un principio básico para monetizar inteligentemente, a largo plazo.

- **Antes de recomendar la compra, ofrece la mayor información posible**

Pensarás que si el objetivo es que pulsen el enlace y que así vaya al sitio del anunciante obteniendo la cookie que acredita la venta a tu favor, entonces lo mejor es colocar el enlace lo más pronto posible.

Sin embargo, hay un grave error en ese pensamiento. Y puedes ver muchos blogs cometiendo ese error. Entras en los blogs y de inmediato observas el botón inmenso al inicio del post, que brinda una sensación intrusiva, como acorralándote, atacándote, como diciendo "esta es tu única opción".

Y no, no es positivo dejar sin opciones a los lectores. Acorralarlo no lo llevará a hacer clic en el botón, lejos de eso abandonará tu blog inmediatamente, o sencillamente no volverá.

Lo que necesitas hacer es brindarle la mayor cantidad de información posible antes de presentarle el botón o enlace hacia el producto afiliado.

De esa forma tu lector tendrá la oportunidad de saber qué le estás ofreciendo, y si te apegas a la segmentación y te basas en lo que ya conoces de tu lector ideal por la continua interacción y tu acercamiento a través del email marketing, entonces con toda seguridad, luego de leer el contenido, tu lector ideal hará el clic y explorará el producto que le estás ofreciendo para así tomar la decisión de compra.

Si colocas el botón de compra al inicio, si no le das la información, estás perdiendo el control de la venta, estás dejando de influir y de ayudarle a tomar la decisión de compra, por lo tanto prácticamente estás dejando la venta al azar.

Me dirás, "Gerald, pero Amazon tiene botones en la parte superior de la página de presentación de productos".
La respuesta es clara y sencilla: Amazon ha trabajado incansablemente en su reputación y ha logrado convertirse en una plataforma con autoridad incuestionable. Pero aun así, no presionas el botón sino hasta comprobar la información relacionada al producto, vendedor y envío, ¿cierto?

Así que genera un post para cada producto afiliado, y desarrolla en el post la mayor cantidad de información que puedas.

En el post para ofrecer un producto afiliado debes explicar las características del producto, los beneficios que brinda a tu lector oficial. También puedes incluir videos que muestren el funcionamiento del producto. No necesitas producirlo, ya que bastaría con encontrar un video en YouTube, pero si tienes la oportunidad de crear el video entonces no dudes en hacerlo.

De igual forma puedes ofrecer una sección de preguntas y respuestas. Como conoces a tu audiencia, puedes saber cuáles son sus principales inquietudes respecto al producto, adelántate a ellas, así los ayudarás a vencer las objeciones y a tomar la decisión de compra.

Otro de los aspectos a tomar en cuenta para incluir en tu post sobre el producto de afiliación que has decidido ofrecerle a tus lectores ideales es ofrecerles opiniones de personas que ya estén usando el producto. Esto, junto a tu opinión al respecto, les motivará a tomar la decisión.

Si tomas en cuenta estos consejos, no dejarás al azar la decisión de compra, sino que incrementarás las posibilidades de que tu audiencia haga la compra y así generarás más ingresos a tu favor.

Ya conoces las claves, comienza a monetizar.

Espera, Gerald, me dices que comience pero no me has dicho cómo.

Pues a eso voy, lo primero que debes conocer son los tipos de afiliación que existen, y estos son dos:
- Plataformas de afiliación.
- Sistemas de afiliación directa.

Estos dos tipos de afiliación se basan en ofrecer un enlace de afiliado que puede publicarse en el blog, y mediante la recomendación del producto se guía al lector hacia el sitio de venta para que así se efectúe la compra, permitiéndonos ganar una comisión.

Pero aunque los dos tipos de afiliación que existen son similares, cada una presenta leves variaciones que son importantes.

- **Plataforma de afiliación**

La plataforma de afiliación representa un sistema de afiliados que se gestiona de forma indirecta. Se trata de una serie de webs que son intermediarias entre tu blog
y los anunciantes.

Al registrarte en este tipo de plataformas puedes acceder a una serie de anunciantes y sus productos. Y puedes promocionarlos a través de tu blog para obtener comisiones gracias a las ventas.

Para poder usar las plataformas de afiliación necesitarás tener en cuenta los siguientes pasos:

Cumplir con el registro: Este paso es sencillo, solo debes introducir los datos que te soliciten en el formulario. Por lo general te pedirán que indiques la web en la que vas a promocionar los productos. Al hacer el registro deberás esperar que aprueben tu solicitud.

Buscar los anunciantes: Después que se te notifique la aprobación de tu solicitud de registro, puedes explorar la plataforma para buscar los anunciantes que promocionarás. Los encontrarás gracias a los buscadores internos que generalmente se ordenan por categorías.

Darte de alta: Al encontrar el anunciante que te gustaría promocionar, porque encaja con los intereses de la audiencia de tu blog, te das de alta en el anunciante. Deberás esperar de igual forma que el anunciante revise tu blog y apruebe o no tu solicitud de alta. Si la aprueban podrás obtener tu enlace de referido para añadirlo a tu blog.

Monitorear tu desempeño: La plataforma de afiliación pondrá a tu disposición un panel de control que te permitirá acceder a las estadísticas con las que sabrás su tus enlaces están funcionando y si te están generando comisiones.
En cuanto a las plataformas de afiliación que puedes tener en cuenta, puedo recomendarte las siguientes:
- Tradedoubler
- Zanox
- Webgains
- Affilinet
- Commision
- Junction
- Shareasale
- Public ideas

Lo importante es que consideres usar la misma plataforma de afiliación para todos los productos que quieras promocionar. Esto lo recomiendo porque así tendrás probabilidades de acumular mayor cantidad de dinero para realizar el retiro del mismo.

Lo que sucede es que las plataformas de afiliación te permiten retirar dinero a tu cuenta bancaria o a PayPal solo cuando llegas al monto que han asignado como mínimo. Si promocionas desde distintas plataformas de afiliación, entonces tendrás que esforzarte para llegar al mínimo en ambas.

Pero si promocionas dos y más productos a través de una misma plataforma de afiliación entonces tendrás la oportunidad de llegar más rápido al monto mínimo para el retiro del dinero.

Además, al acumular mayor ganancia mejor trato tendrás de parte de la plataforma de afiliación. Te darán mejores comisiones, soporte personalizado, apoyo para generar más ganancias, entre otros beneficios.
Ahora te hablaré de la segunda opción que tienes para monetizar con productos afiliados.

- **Sistemas de afiliados gestionados de forma directa**

Esta modalidad es la que promueven anunciantes que prefieren gestionar sus propios programas de afiliados. Así que no necesitas estar en una plataforma de afiliación para generar comisiones por ventas de sus productos.

Con los sistemas de afiliados gestionados por los mismos anunciantes, ganas directamente. No hay intermediarios, por lo que en muchos casos la comisión es más alta.

Voy a presentarte tres plataformas que usan este tipo de sistemas y te ofrecen la oportunidad de vender productos afiliados de forma directa con ellos:

Booking: Esta plataforma te permite vender sus productos a través de Marketing de Afiliación de forma directa, ya que cuentan con un modelo de afiliación que gestiona por sí misma. De hecho, también puedes vender sus productos afiliados a través de la plataforma de afiliación Public Ideas.

Amazon: Te ofrece una comisión por la recomendación de cualquier de los productos que se venden en la plataforma.

eBay: Tiene el mismo funcionamiento que Amazon.

Para disfrutar de los sistemas gestionados de forma directa debes registrarte de la misma forma como lo harías en una plataforma de afiliación. En las páginas de estos anunciantes podrás encontrar las instrucciones claras que debes seguir en cada una de ellas.

Al inscribirte en sus webs, en el sistema de afiliado, podrás buscar los enlaces de afiliados para usarlos en tu blog y comenzar a monetizar.

Como puedes ver, tu blog puede ayudarte a generar ingresos constantes y en ascenso, solo necesitas desarrollar una estrategia adecuada.

Los productos afiliados son una forma para comenzar a monetizar si no tienes la inversión necesaria para crear tus propios productos. Pero ten en cuenta, como te he dicho, que no logras una monetización en una o dos semanas de apertura de tu blog.

Necesitas invertir tiempo y dedicación para posicionarlo, tienes que crearte una lista y así podrás comenzar a monetizar. También tienes que tomarte en serio el tema de invertir para poder generar un mejor nivel de ingresos con tu blog. Piensa en que si das los pasos uno a uno, tu inversión estará garantizada porque en cuanto comiences a monetizar, los ingresos no pararán.

En este capítulo te ha explicado aspectos básicos y fundamentales para que inicies tu monetización con productos afiliados, sin embargo, todavía queda una opción más, y es el último paso que te presentaré.

No te detengas aquí, continúa con el siguiente paso y estarás listo para incrementar tu monetización y sacar el máximo provecho de tu blog.

Sexto paso: Crea tu propio producto

Hemos llegado al último paso, una forma de monetización directa, sin intermediarios, sin productos de afiliación.

De hecho, puedes escoger entre ofrecer productos afiliados y también tu propios producto, o varios productos tuyos junto a los productos afiliados. O puedes optar por una sola opción.

Mi recomendación, en el caso de que quieras quedarte con una opción, es que escojas tu propio producto.

Puedes enfocarte en un solo producto o puedes ir creando varios, pero lo que sí te recomiendo definitivamente es que si decides hacer varios productos vayas con uno a la vez.

Ya que te he dicho que es el último paso, me dirás: "Gerald, pero te estás saltando un punto importante, el AdSense".

Bien, voy a dedicarle un espacio breve al AdSense como forma de monetización, pero para recomendarte no usarlo.

Por qué no recomiendo AdSense como método de monetización

Debo ser directo contigo, pues no quiero que pierdas el tiempo con esfuerzos estériles. Es cierto que encontrarás personas que te recomendarán AdSense, pero créeme eso es como hacer un trabajo para solo recibir migajas.

Olvídate de las migajas y piensa en grande, en consolidar una monetización a largo plazo y en crecimiento.

A continuación te presentaré mis argumentos sobre por qué debes descartar AdSense y centrarte en formas más efectivas para monetizar con tu blog, como la creación y promoción de tus propios productos.

Los banners publicitarios son mayormente ignorados: Representa una de las peores formas de monetizar, porque actualmente, debido a las nuevas tendencias de comportamiento del usuario, los banners publicitarios son ignorados, por lo tanto lograr una rentabilidad significativa será mucho más difícil.

Estropea notablemente el diseño de tu blog: Debido a que AdSense es muy complicado para integrarlo adecuadamente a tu blog, dañará tu diseño y resultará fastidioso para tus lectores. Así que perderás lectores por escasas y hasta nulas ganancias.

No hay valor en AdSense para tus lectores: Es una forma intrusiva de hacer publicidad, no aporta nada a tus lectores, por lo que no será apropiado ni aceptado por tus lectores.

Incrementa el tiempo de carga de tu blog: En uno de los capítulos anteriores te mencione la importancia que tiene el tiempo de carga del blog para evitar un aumento en la tasa de abandono. En este sentido, para cuidar el tiempo de carga y así mantener un buen tráfico y una excelente tasa de permanencia, olvídate del Adsense porque afecta notablemente el tiempo de carga.

Pierdes el control: AdSense te quita el control sobre tu blog. No me refiero a la contraseña y usuario de tu blog, sino a algo mucho peor: no controlas qué anuncios se presentarán en tu blog, y esto es grave porque podría anunciarse en tu blog un mal producto y esto manchará tu reputación ante los lectores.

Pierdes de vista tu objetivo: Para poder generar ganancias con AdSense tendrás que incluir más de dos banners en tu blog, y esto te irá desenfocando de tus objetivos, por lo tanto perderás mejores opciones de monetización.

Las ganancias son muy bajas para ti y altas para los anunciantes: EL coste por click es bajo, estos costes han ido bajando a medida que más personas usan Google Adwords, por lo tanto gana más Google que tú.

Las condiciones no son muy amigables: Me refiero a que las políticas y condiciones de Google AdSense son impredecibles. Los precios cambian frecuentemente y al antojo de la plataforma. También es posible que te quedes sin anunciantes de repente. De manera que si dependes exclusivamente de Google AdSense para monetizar, además de que los ingresos serán bajos, en cualquier momento podrían reducirse a nada.

De igual forma, si la plataforma considera que has incumplido sus políticas, pueden negarte tu pago sin derecho a reclamos, o sin garantías de considerar la decisión.

Podría enumerarte más razones por las que Google Adsense no es la mejor opción para considerar, pero tendría que escribir un eBook exclusivo para ello porque son muchas.

Para poder incrementar tus ganancias con AdSense tendrías que generar un tráfico excesivamente numeroso, de manera que puedas incrementar la posibilidad de usuarios dispuestos a hacer clic, y si vas a generar tráfico en las cantidades necesarias para ello, mejor lo generas para la compra de tu producto y tu ganancia será extraordinariamente mejor.

Así que en este paso lo mejor es que te atrevas a crear tus propios productos y generar ventas para ti. Pues así minimizas las comisiones, eliminas los intermediarios y al tratarse de productos digitales también evitas los costes por distribución.

Así que vamos directo al grano. En este capítulo voy a hablarte de una lista de productos que puedes crear para monetizar con tu blog. Estos los podrás ofrecer a través del email marketing a tu lista de correos.

Ventajas de monetizar con tus propios productos digitales

Pensarás que crear productos digitales te hará meterte en graves problemas, contratiempos y que terminarás complicado. Pero déjame decirte que no es así.
Una de las principales ventajas de los productos digitales es que son fáciles de producir y de crear, puedes hacerlo muy rápido y de manera muy sencilla.

Tan solo necesitarás invertir tiempo, un par de horas diarias de acuerdo al tipo de producto digital que escojas hacer. Necesitarás de un software y un hardware apropiado, y podrás hacer tu producto fácilmente.
Otra de las ventajas es que debido a que exige de mínima inversión, puedes ofrecer tus productos digitales a precios atractivos, ya que recuperar tu inversión podría depender de una sola venta y el resto será ganancia. Tomando en cuenta que los productos digitales no agotan su existencia, entonces tienes toda la vida para monetizar con ellos.

Respecto a lo económico que resulta, no puedes decir lo mismo de productos físicos. Por ejemplo, hacer un libro físico te demandará inversión para impresión, además de la inversión de tiempo para escribirlo, tendrás que pensar en un presupuesto para la distribución.

Si lo vas a vender a través de tu blog, o aprovechando tu lista, el costo de un libro físico será más elevado también, ya que tendrás que colocarle un precio que te permita recuperar la inversión con el lote impreso y calcular sobre ese precio también los costos de distribución para la entrega de tus libros a tus clientes potenciales. En cambio un eBook no necesita imprimirse y tampoco debes pagar por su entrega.

Lo mismo aplica a otros tipos de productos, como los cursos presenciales y los cursos virtuales.

Así que la forma y posibilidad de distribución de los productos digitales es otra de sus ventajas. De hecho, solo tienes que montarlos en tu blog, habilitar su descarga, contar con una pasarela de pago, y tendrás tu producto digital listo para venderse.

Existen plataformas de pago que puedes incorporar a tu blog de forma gratuita, no te cobrarán absolutamente nada, fuera de la comisión correspondiente por pagos
De manera que los productos digitales te permiten tener ingresos pasivos y permanentes, lo que es sin duda alguna una ventaja poderosa.

En el caso de los productos físicos, además de que requieren de una inversión mayor también se agotan, lo que significa que reponerlos amerita de más inversión, pero los productos digitales no se agotarán por lo que requieren de una única inversión.

Es cierto que puedes invertir cada cierto tiempo para actualizar tu producto digital, por ejemplo si es un curso online puedes grabar de nuevo las sesiones para actualizar datos estadísticos que hayas mencionado, entre otras cosas. Pero aun así la inversión por actualización será notablemente menor al costo de reposición de un producto físico.

Cada una de estas ventajas es significativa, y son razones para definitivamente monetizar con tu blog con productos digitales.

Productos que puedes ofrecer a través de tu blog para monetizar

Es cierto que crear un producto digital propio puede tomarte un tiempo, y necesitarás de una estrategia de ventas para poder obtener resultados positivos. Sin embargo, al principio de este eBook te he advertido que necesitas comprometerte contigo y tu objetivo de monetizar, ser constante y responsable.

Con tu lista puedes asegurar un buen porcentaje de ventas de tus productos digitales, solo debes crearlos bajo los mismos principios de creación de tu blog. Diseñar y crear tus productos digitales pensando en tu audiencia, relacionarte con ella entregando contenido de valor relativo a tu producto, mostrarle los beneficios, ayudarlo a hacerse consciente de sus urgencias y así estarás motivando cierres o compras de tus productos.

A continuación los productos digitales que te permitirán monetizar con efectividad y en buena proporción:

- **Libros digitales**

Crear tus eBooks es una forma muy efectiva para monetizar con tu blog. Solo debes escribirlo, enfocarte en un tema por el cual tu audiencia haya mostrado interés.

Si escribes un libro digital que les ofrezca soluciones a tus lectores, y has logrado conectar con ellos entregándoles contenido de valor que demuestran tu autoridad en el tema que desarrollas en tu eBook, entonces prepárate para monetizar en buena cantidad.

Puedes alojar tu eBook en plataformas como Amazon, o puedes venderlo directamente en tu blog, apoyándote en plugins que faciliten la inclusión de pasarelas de pago y opciones de descargas.

La venta de tu eBook puede ser el inicio de una nueva campaña de email marketing, ya que cada lector que compre tu eBook estará dispuesto a recibir noticias de otro producto digital que puedas ofrecerle.

- **Cursos online**

Los cursos online son productos digitales que permiten una buena rentabilidad en la monetización. Cuando creas un curso online te cuesta lo mismo vender uno que vender cien. Esto se debe a que inviertes una sola vez en su creación y lo automatizas para la venta.

Puedes crear tu curso online para entregarlo en documentos descargables o en formato de video. La entrega de las lecciones y/o módulos las haces vía email, con una plataforma de automatización, puedes escoger una de las que te mencioné en el capítulo 4.

De manera que los cursos online representan un ingreso pasivo con mucho potencial. Puedes crear un curso online sobre cualquiera de los temas que tocas en tu blog. La idea es que el curso sea atractivo, que solucione un problema, que represente un beneficio interesante para tu público objetivo.

Puedes adecuar el costo de tu curso al nivel de poder adquisitivo de tu audiencia, pero ten en cuenta que la gente está siempre más dispuesta a pagar costos elevados por un curso que por un eBook.

Mientras que por un eBook la gente está dispuesta a pagar hasta 30USD, por un curso aceptan costos de entre 50 y 200USD, y hasta más dependiendo del nivel del curso.

Lo que necesitarás para vender tu curso online es:
- Una audiencia con una relación de confianza (lo consigues con tu lista de correo).
- Conocer a tu audiencia para ofrecerle lo que necesita y espera.
- Conocimiento de marketing para posicionar tu curso
- Herramientas de automatización

La buena noticia es que si logras hacer tu curso de forma efectiva y presentarlo correctamente a tu lista de correo, los ingresos serán satisfactorios.

Siendo este uno de los métodos más eficaces de monetización, te presentaré una breve ruta sobre cómo crear tu curso:
- Escoge una temática específica.
- Analiza cursos similares al que quieres hacer.
- Haz una ficha técnica para presentar tu curso.

Para crear tu ficha solo debes seguir las siguientes pautas:
Escoge el título que tendrá tu curso. En este sentido, para escoger un título atractivo, puedes tomar en cuenta las pautas que te he compartido en el capítulo 2 en relación a cómo escoger un título atractivo para tu posts en el blog.

En segundo lugar, describe el contenido del curso en dos párrafos. Acá la brevedad es importante, ya que se trata de que los lectores tengan un panorama sobre el curso, que la información sea suficiente para sentir motivación para comprarlo.

En tercer lugar, debes definir a quiénes va dirigido el curso. Dentro de tu nicho de mercado seguramente habrá un tipo de lector ideal más específico para tu curso. Delimítalo muy bien, y expresa claramente en tu ficha para quién es el curso. Esto permitirá que los lectores puedan analizar si sus rasgos son coherentes con los rasgos de los destinatarios del curso.

En cuarto lugar, es importante que hagas un temario. Un esquema que muestre la estructura del curso, cada uno de los temas que se verán. Esto causará una expectativa más específica.

En quinto lugar, define una fecha para tu curso. Es cierto que lo automatizarás, pero si quieres tener mayor efectividad y que tu curso logre conversiones significativas, entonces necesitas crear urgencia a través de una campaña de email marketing que advierta fecha y hora del curso.

En sexto lugar es importante que se tenga una metodología definida del curso. De qué manera se impartirán las clases o se les entregarán a tus lectores que decidan comprar el curso. Una metodología clara en tu ficha les ayudará a comprender si la dinámica del curso se ajusta a ellos, les motivará a comprarlo si la metodología es clara y les favorece. Por ejemplo, en la metodología puedes destacar que por ser un curso online tendrán acceso a él desde el lugar donde se encuentren y a la hora en la que prefieran.

En séptimo lugar, si el curso lo impartes tú, debes destacar en la ficha del curso cuáles son las credenciales que te califican para impartir el curso.

Por último, deja bien claro en tu ficha del curso cuánto es el valor del curso y cuáles son las formas de pago.

- **Áreas exclusivas en tu blog (Membresía)**

La membresía es otra forma de monetización muy efectiva. Consiste en proteger un área de tu blog en la que ofrezcas contenidos exclusivos, de más valor de lo normal.

Al tener tu área exclusiva equipada de contenido de alto valor, ofreces una suscripción mensual de pago.

Esta es una buena estrategia, si le has demostrado a tu audiencia autoridad en tus publicaciones, entonces estará dispuesta a pagar para saber qué contenido exclusivo tienes para darles.

Para hacer atractiva tu área de membresía comunícale a tu audiencia, a través del email marketing, los beneficios de la membresía, lo que encontrará en el área exclusiva y lo que logrará con el conocimiento que adquirirá.

Esta estrategia la usan los periódicos digitales, pero también muchos blogs. Así que no te quedes atrás y crea tu área de membresía exclusiva para lectores que paguen la suscripción.

Al ofrecer la opción de pagos mensuales estarás asegurando ingresos recurrentes.

- **Coaching grupal o 1 a 1**

El coaching es un servicio que actualmente está de moda. Esto se debe a que los usuarios han entendido la necesidad de conocimiento en sus áreas. Así que están dispuestos a pagar la asesoría de mentores calificados para guiarles.

La idea de este servicio es ofrecerles ayuda en áreas muy específicas, llevarlos desde donde están hacia donde deberían y desean estar.

Los usuarios contratan los servicios de coaching para poder recibir un paso a paso más claro.

Puedes segmentar tu programa de coaching, ofreciendo un paquete VIP, por ejemplo, uno semi-VIP o uno General.

También puedes vender sesiones, las que el cliente quiera pagar, definiéndolas en sesiones de 90 minutos de coaching, por ejemplo.

Estas sesiones pueden ser grupales, en el caso de equipos de trabajos se interesarán por estas sesiones. O puedes optar por vender coaching 1 a 1, que es una modalidad personalizada.

El coaching no tienes que ser offline, puedes hacerlo online, virtual, de manera que tus lectores tengan la comodidad de escoger el horario más conveniente y tomar el servicio de coaching desde donde se encuentren o les sea conveniente.

Mi recomendación es que consideres esta opción, pero si vas a comenzar iníciate en el coaching 1 a 1 y a medida que vayas tomando experiencia atrévete a hacerlo grupal.

- **Mastermind**

El Mastermind es un tipo de membresía, sin embargo es más exclusiva todavía que un área exclusiva en tu blog.

Con la estrategia de Membresía, como te mencioné, buscar incrementar los ingresos cada mes, agregando cada vez más personas al área. Pero en el caso del Mastermind no buscas el crecimiento mensual, sino más bien el mantenimiento de un grupo selecto de clientes.

Mastermind es "mente maestra", y se trata de un grupo de personas no menor a 3 integrantes ni mayor a 6, y estos tienen conocimientos complementarios sobre temas específicos.

La idea es que se transmitan ideas unos a otros, de forma que puedan complementar el desarrollo de sus proyectos.

Ahora bien, la forma de monetizar con un Mastermind es vendiendo las sesiones a
 clientes antiguos o a lectores en tu lista.

Puedes crear diversos grupos de Mastermind, de manera que así generes más ingresos cada mes. Pero la cantidad de los integrantes en cada grupo deberá mantenerse en el rango indicado.

- **Podcast**

Esta es otra forma muy efectiva para monetizar, puedes ganar dinero con tu blog si incluyes en él una sección exclusiva de podcast.

Un podcast es una distribución de archivos de audio que se realiza a través de un sistema de distribución RSS, y quien desea tener acceso al podcast deberá suscribirse.

Existen programas de suscripción muy bueno como por ejemplo SoundCloud o iTunes, con los que se pueden descargar los archivos de audios para disfrutarlos.
Pero no solo tienes que limitarte a los audios, ya que puedes crear videos.

Como te he dicho, los podcast son actualmente una opción para monetizar muy efectiva. De hecho, puedes conseguir incluso que una empresa te patrocine y así obtener ingresos por medio de patrocinador y a través de la venta de tus podcasts en tu blog.

Existen podcasters que viven de este método de monetización. Solo debes comenzar. Recuerda que si ya tienes una audiencia y ésta confía en ti, entonces podrás generar ventas significativas de tus podcasts ofreciendo beneficios únicos.
Hay otros servicios que puedes considerar, entre los cuales te puedo mencionar los siguientes: conferencias y talleres, asesoría vía Skype o email, Webinars (seminarios online) en grupo.

Ya lo sabes, tienes un mundo inmenso de posibilidades de monetización, así que aprovéchalo.

Que nada ni nadie te impida la monetización, ¡claro que puedes lograrlo!

Quiero felicitarte por llegar hasta este paso. No dejes de continuar aprendiendo, el marketing digital, la monetización a través de los medios virtuales es un tema que tiene muchas ramas, muchas aristas, y yo estoy deseoso de compartir más contigo. Así que continúa atento a mis redes, a mis canales, porque no me detendré hasta ayudarte a monetizar.

Te aconsejo que guardes este eBook, que lo mantengas a la mano siempre, pues frecuentemente tendrás que volver a leerlo hasta que memorices cada paso.

Conclusión

Tu blog es una mina de dinero. Ahora que estamos al final de este eBook estoy seguro de que esa afirmación no representa una exageración para ti.

Tienes innumerables formas de generar dinero con tu blog, si lo estableces con los fundamentos correctos y efectivos.

Cada vez son más los blogueros que se suman al selecto club de quienes han encontrado formas efectivas de monetizar.

En este eBook te he descrito una ruta para llegar al objetivo de monetización, una ruta que es segura, que te llevará al destino deseado, pero recuerda todo dependerá de tu disposición a dar cada uno de los pasos que te he descrito.

Monetizar es posible, puedes vivir de tu emprendimiento en línea, de tu blog, puedes vivir y vivir bien como muchos ya lo han logrado. Así que comienza a trabajar en los aspectos que te he descrito.

Sé que muchos principios que te he dado pueden contradecir las ideas preconcebidas que tienes sobre un blog, pero inténtalo, pon a prueba mis consejos, y luego me cuentas qué tal te va.

Como te dije al principio todo lo que te he explicado está basado en mi experiencia, así que puedo asegurarte de que obtendrás resultados si te atreves a dar los pasos.
A estas alturas me preguntarás, "Gerald, muy bien todo, pero ¿cuánto tiempo tardaré en monetizar?"
Y mi deber es responderte que el tiempo depende de ti.

Sin embargo, también voy a regalarte un dato, en los casos más rápidos de blogueros que logran monetizar varía de entre 4 a 6 meses. Y en los casos más lentos puede tomar de un año en adelante.

La decisión es tuya, si trabajarás a buen ritmo, a diario, para lograr tus conversiones, o si solo le dedicarás tiempo a tu blog cuando no estés ocupado.

No te voy a pedir que dejes ya tu empleo si lo tienes, o que no te dediques a otra cosa y vivas pegado a tu blog. Si puedes hacerlo es genial, pero déjame decirte que si trabajas con constancia llegará el momento en el que por fin podrás dedicarte a tiempo completo a tu blog y tus productos digitales.

Recuerda que tienes que crear tu blog de pago, olvídate de las opciones gratuitas, ese es el primer paso de compromiso que tienes que dar. Tu blog debe estar optimizado para tus lectores ideales, así que haz tu segmentación y apégate a ella en todas tus estrategias y en las sesiones de creación de contenido.

Asegúrate de posicionar tu blog, de generar contenido rico, de atraer tráfico a tu blog, y lo más importante: de captar los datos de tus lectores para crear tu lista y tu estrategia de email marketing.

Olvídate de las fórmulas mágicas, necesitas tener una mentalidad correcta y es de lo que quiero hablarte en las próximas líneas, para que esta conclusión te lleve a la reflexión, de esa forma me aseguraré de que hayas entendido la esencia de los capítulos que te he presentado.

Para triunfar en el negocio de monetizar tu blog necesitas una mentalidad correcta.

Tienes que ver tu blog como lo que es: una mina de hacer dinero.

En tu mentalidad tienes que aceptar que tienes una misión y que esa misión es la de ayudar con tu Know how a tus lectores ideales. Aceptarlo te permitirá escribir en tu blog con pasión, sobre la temática que dominas porque es la que te apasiona.
Esto hace la diferencia entre un bloguero mediocre y uno exitoso. El primero postea sin propósito, solo porque sí, para matar el tiempo y cosas similares. Mientras el segundo lo hace para conectar con su audiencia, para compartir, para ayudar, para entregar.

Así que cultiva la mentalidad correcta. Solo así podrás ver resultados, porque nada te detendrá, pues estás decidido no solo a compartir sino a recibir a cambio lo que mereces por ello.

El principio de la monetización es entender que a través del blog tienes la oportunidad de hacer un intercambio. Así que no te niegues a recibir lo que mereces por tu conocimiento.

Con una mentalidad correcta serás indetenible, podrás lograr tu objetivo, te mantendrás siempre en la dirección correcta.
Recuerda también que la confianza y reputación serán fundamentales para la monetización a través de tu blog. Así que no desestimes estrategias y oportunidades para generar confianza y reputación.

Conviértete en una autoridad para tu nicho y eso bastará para contar con su confianza y para tener una buena reputación.

Ten presente que una forma de mostrarte como autoridad en tu nicho es a través de los eBooks, nuestra mente asocia los libros a autoridad en conocimiento, así que si lograr publicar en las plataformas como Amazon libros que te respalden, a los que los lectores ideales tengan acceso, entonces podrás incrementar progresivamente tu autoridad y ganarte la confianza con una buena reputación.

Espero que des cada uno de los pasos, para mí ha sido un gusto total presentártelos.

www.ingramcontent.com/pod-product-compliance
Lightning Source LLC
Chambersburg PA
CBHW071034240526
45469CB00006BD/2205